情動の権力

The Affective Power : from Cultural Turn to Affective Turn

メディアと共振する身体

伊藤 守
ITO Mamoru

せりか書房

情動の権力——メディアと共振する身体 ◉ 目次

プロローグ

この一〇年ほどの期間に、メディア環境の劇的な変容が生じている。パーソナル・コンピュータやモバイル端末に代表される電子メディアによって、これまで見られなかったような情報の高速性、拡散性、散逸性が生まれ、まったく新しいメディア環境が構造化されつつある。とりわけツイッターやフェイスブックなどソーシャルメディアの出現は、これまで進行しつつあった変化を一気に顕在化させたと言えるだろう。従来のテレビや新聞に代表されるトップダウン型の情報発信とは異なり、誰もが私的空間を飛び越えて情報を公的な空間に向けて発信し、その情報があらゆる境界を越えて、国境という境界すら易々と越えて、拡散する状況の成立である。

情報の高速性、拡散性、散逸性という事態を、ある場所から発信された情報が、人間と電子テクノロジーが結びついた複数の結節点を経由しながら瞬く間に移動し、しかもたんに移動するだけでなく、それぞれの結節点で情報が補完され、改変され、編集され、つまり情報自体が変容しながら移動し続ける動態であるとひとまず定義しておこう。情報の流れそのものの変化は、電子的な情報回路の多元化、それに伴う生産・移動・消費・補完のそれぞれの段階における情報の差異化と多様化、そして情報の移動がどこに向かっていくか誰にも予測できない散逸性の拡大、といったかたちで現れている。このような電子メディアが創り出す新しい地平と既存のメディアが接合する中で生じる社会現象や人間の感覚や知覚の変容を考えてみること、とりわけその中心にメディアに触発された「情動＝affection」の生成という問題が中心的テーマとして浮上していると仮説すること、これが本書を貫く一つのテーマである。

ところで、こうした仮説の設定は、これまでとは異なる情報現象の生成をどのような視点から いかに考察すべきか、どのような概念装置を駆使すれば、現在生じている情報現象の特徴を把握できるのか、という問いと深く結びついている。

いかなる視座から、いかなる理論的枠組みから考察すべきか、その問いに答えるために、以下の論考では、これまでメディア研究の中ではほとんど言及されることがなかった、ライプニッツ（G.W.Leibniz）、ガブリエル・タルド（Gabriel Tarde）、ジル・ドゥルーズ（Gilles Deleuze）、という知的系譜に内在しながら、議論が展開される。そこで主題的に取り扱われるのは、〈運動〉であり、〈時間〉であり、〈身体〉である。この三つの問題系をクロスさせながら、メディア研究、コミュニケーション研究を再考し、研究のフィールドを押し広げていくことが試みられている。そして、すべての論考の中で焦点化されるのは、すでに述べたように、「情動＝

affection」という概念であり、「潜在的なるもの＝virtual」という概念である。

これら一連の検討を通じて、本書では、二重の意味で、「近代主義」的なコミュニケーション像の相対化がおこなわれることになる。第一は、これまで主知主義的な枠組みから捉えられてきた情報概念なりコミュニケーション・モデルの相対化である。そして、従来の制度化された知に代わるものとして、普遍論争以降、オッカムに代表されるノミナリズムと一般に言われる知的系譜とは一線を画した別の系譜にコミュニケーション理論とメディア論を位置づけ、あらたなメディア理論のモデルを構想する必要があることが示唆されるだろう（一章〜四章）。

第二は、近代の「国民国家」を前提としたこれまでのマス・コミュニケーション理論なり、ドメスティックな視点からのメディア研究の相対化である。国境を越えて、グローバルに移動＝運動する情報の多元性は、メディア空間自体の重層化とともに、そこで移動する情報や文化が集合的主体の創造力や自己認識の資源として受容されることを通じて、あらたな社会運動を惹起している（五章〜六章）。そこでは空間編制とメディアのかかわり、移動する主体とメディアとのかかわりが具体的に再検討されることになる。

＊

〈運動〉〈時間〉〈身体〉そして「情動」という問題系に照準しながらコミュニケーションと

メディアの媒介性を考察することを試みる本書の企ては、誤解を恐れずに言えば、〈カルチュラル・スタディーズ以降のメディア理論〉の方途を展望することにある。文化の政治性、文化の権力性、を視野に入れながらも、その政治性が作動する様式の変化を分析するための装置を再構築していくことが求められていると考えるからである。この企てのための導きの糸となり、かつそのための直接的な示唆を与えてくれたのが、ブライアン・マッスミ（Brian Massumi）の論考であった。

彼が強調するのは、過去二〇年にわたり、運動と情動がともに人間諸科学のなかで一貫した関心、たぶんもっとも中心的な関心であったにもかかわらず、文化の理論は運動と情動の直接的な関連性を考慮の対象外にしてきたことにある。「運動（movement）」の代わりに、分析の視点を構成してきたのは「位置取り（positioning）」のモデルであったとマッスミは主張する。ここで彼が批判の対象として言及する「位置取り」のモデルとは、言うまでもなく、カルチュラル・スタディーズの研究視座、とりわけスチュアート・ホール（Stuart Hall）の「エンコーディング／デコーディング（encoding/decoding）」モデルを指している。では、このモデルのどこが問題なのか。マッスミは「位置取り」モデルを次のように説明する。

まず、文化研究の対象はあくまで「読み」の実践の対象、読解可能なテクストとして前提される。次に、テクストとたえず接触するオーディエンスも支配的なイデオロギーと結びついた社会的係争点をめぐって、そのテクストの意味を「読み」「解読する」主体として捉えられる。

つまり、ジェンダー間の差異、人種間の差異、階級間の差異を内包しながら、支配的な意味コードを読み取り、解釈する「言説主体」として措定される。ジェンダーや階級といった概念の「解読格子」の下での「位置取り」によって文化とその消費を分析するタイプ、これが「位置取り」のモデルである。

つまり、このモデルにおいて、オーディエンスは、たんなる「言説主体」にすぎず、「解読格子」という台座の上にピンのようなもので「刺し止められた」存在に解消されてしまう。さらに、こうした立論が所与のものとされるならば、テクストの「意味」だけが前景化してしまい、映像や音声やサウンドと身体との間の、「触発し」「触発される」という直接的な、動的な、運動作用が正面から問われることはなくなる。音であれ、映像であれ、あるいはリアルなモノであれ、つねに運動状態にある（運動と一体である）対象と身体との関係、さらにその両者の動的な関係のただなかに生じる「情動」といった契機は、意味という回路を経由した媒介作用にのみ注目する従来の文化研究にとっては、余剰なもの、もっと悪く言えば、文化を記述する際に破壊的な要素をもたらすものとして排除されてきたのである。この点をマッスミは繰り返し強調する。「位置取り＝positioningの理念は、〈picture〉から〈movement〉を消去することで始まる。その説明の出発点は、静止のゼロポイントにある。……位置取りが決定的に第一義的となり、運動は第二義的となるのだ」（Massumi, 2002, 4）。

では、この分析視点の限界をいかに乗り越えていくのか。マッスミによれば、それは、「運動」

という概念を文化理論に取り戻すこと、「運動」のなかで身体と文化、メディアと身体の関係性を考える回路を文化理論の中心的なテーマとして構成することである。

ところで、ここで留意すべきは、こうした理論的な方向性が単純なカルチュラル・スタディーズの批判として構想されているわけではない、ということだ。たしかにマッスミは、上記のように、カルチュラル・スタディーズが抱える「位置取り」モデルの弱点を厳しく論難する。しかし、彼は「運動、情動、経験の質が、ナイーブな現実主義にも、主観主義にも陥ることなく、そしてポスト構造主義の文化理論の洞察にも対立せずに、文化的・理論的に思考可能である、という希望に基づく」と指摘した上で、このプロジェクトが「カルチュラル・スタディーズに対決する精神で着手されるわけではなく、それらの概念をこれまで無視されてきた知的源泉からの概念的な摂取を通じてリフレッシュしたいという期待から着手される」と述べるのである。このことからも、それが単純な批判ではないことが了解できるだろう。彼の狙いは、あくまで、現代のメディア文化、メディアによる表象の権力作用を可視化するためには、「位置取り」モデルからの理論的飛躍こそが求められているという点にこそある。本書の立脚点や意図もこの点にある。(1)

マッスミが述べるように、「ドゥルーズの言葉をパラフレーズするなら、文化や文学の理論の支配的なモデルが抱える問題は、それが現実の具体性を把握するのにあまりに抽象的である、ということにあるのではなくて、問題は、具体的なもののリアルな非実体性を把握するに十分なほど抽象的ではないことにあるのだ」(Massumi, 2002, 5)。

いま、メディア文化研究に求められているのは、「位置取り」モデルの重要性を承認しつつも、このモデルからの転換を確固としたものにする理論的構想である。

この課題を遂行するために、本書では、前述したように、従来の情報概念やコミュニケーション概念を再考し、〈運動〉〈時間〉〈身体〉そして「情動」という問題系に照準しながら、あるいはこれらの問題系を浮上させながら、メディアの媒介性の現代的特徴が考察されるだろう。(2)

*

本書は、以下の構成をとる。

一章では、情報概念に関する再考がなされる。これまで、情報学、社会学などの分野で多くの情報概念に関する検討が行われてきた。そのため、情報概念に対するあらたな考察などもはや必要ない、といった主張すらなされてもおかしくない状況にある。しかし、情報概念に関するより一層の考察と展開が可能であり、かつそのことが現代の情報現象を読み解いていくためにも強く求められている、と筆者は考えている。〈運動〉と〈持続〉という契機とともに「情動」という契機と「情報」概念をつなぐことで、より動的な情報概念を導出できるのではないだろうか。そうした作業はまた、一方で歓喜や美へと昇華することもあれば、他方で憎悪や嫌悪の感情を呼び起こして社会的排除や暴力を帰結する「情動」の、メディア媒介的な〈現代的あり方〉を解き明かす糸口を提出できるのではないだろうか。ライプニッツそしてドゥルーズの議論を参照しながら情報概念が再考され、本書を貫く基本的な問題設定がおこなわれるだろう。

二章では、一九世紀末に活躍したタルドのコミュニケーション論を再評価することが試みられる。催眠、模倣、所有といった彼の概念が、〈時間〉と〈運動〉という問題系に開かれた、現代的なアクチュアリティを内包する理論として読み解かれるだろう。とりわけ、タルドが自らの理論を構成するに際して依拠したライプニッツのモナド論を、神なき時代における秩序構成原理として組み替えた模倣論、そしてこの模倣論の中で展開された「律動的対立」の議論が、今日の社会的コミュニケーションを考える上できわめて重要な論点を提示していることが指摘される。

続く三章、四章では、一章と二章のやや理論的な考察をベースにして、テレビやインターネットの情報が複雑に絡まり合いながら、しかも文字や映像が断片化するかたちで次々にスクリーンに映し出される現代のメディア環境の中で、具体的にいかなる情報現象や〈社会運動＝ムーブメント〉が生起しているか、いかなるかたちで政治的正当性の調達が行われているのか、を記述している。三章では、アメリカのレーガン時代における権力とテレビの関係に焦点を当てたマッスミの議論が紹介されているが、それはけっしてアメリカに限った政治過程ではなく、日本でも、小泉政権期におけるメディアと政治、そして現在進行中のメディアに媒介された政治過程でも同様に顕在化していることを強調しておくべきだろう。

続く四章では、二〇〇七年の「亀田父子」報道問題を取り上げて、テレビとインターネットの情報が相互に共振・接合するメディア環境のもとで、いかに情動が生まれ、集合的な社会現象が生成しているのかが具体的に分析される。一章そして二章と、この三章と四章の間には大きな落差があるように感じられるかもしれないが、三章と四章で示した現代の情報現象・社会現象の記述のベースにあるのは、あくまで〈運動〉と〈時間〉そしてデジタル時代におけるメディアと「情動」にかんする関心である。

五章、六章は、「グローバリゼーションとメディア」と言われる研究分野の論考である。それまでの章とは記述のスタイルや内容が異なるが、ここでもグローバルな情報の移動＝運動によって構成された複数の、重層化した情報空間と、それが媒介する〈社会運動＝ムーブメント〉が主題とされる。多文化社会におけるメディア公共圏の構築に向けて、いかなる〈運動＝ムーブメント〉が生成しているのだろうか。さまざまな地域で、さまざまなスタイルで広がる〈運動〉のありかたを、イギリスを中心とした研究成果を参照しながら整理したのが五章である。

六章では、五章における検討をふまえ、多文化社会におけるメディア公共圏の構築という課題を、神戸という特定の空間が堆積してきた歴史的な諸層とその表層で日々生成する出来事に即して論じた論考である。具体的には、「ＦＭわぃわぃ」というコミュニティ・ラジオのメディア実践が取り上げられている。多文化共生というスローガンが喧伝される中、ベトナム語、タガログ語、英語、韓国・朝鮮語、ポルトガル語、スペイン語、タイ語、中国語、アイヌ語、そして日本語を加えて一〇の言語で放送している、この小さな放送局の営みの大きさに光を当てる。

この簡単なプロローグを門として、各章へと読み進めていってほしい。

注

(1) この点に関しては、すでに伊藤(2007)で、メディア研究の様々な視座との関連で指摘している。

(2) マッスミの論考が一つの契機になったと考えられるが、「情動」に関する重要な文献が次々と刊行されたことも付け加えておくべきだろう。たとえば、Patricia Ticineto Clough with Jean Halley ed. (2007) *The Affective Turn: Theorizing the Soial*, Duke University Press. さらに、Melissa Gregg and Gregory J. Seigworth eds. (2010) *The Affect Theory Reader*, Duke University. などが刊行されている。尚、後者の文献には、Brian Masumi (2006) *The Future Birth of the Affective Fact: The Political Ontology of Threat*. も収録されている。また、Sharon R. Krause (2008) *Civil Passions: Moral Sentiment and Democratic Deliberation*, Princeton University Press. のように政治学の分野における熟慮民主主義(討議民主主義)の論議のなかに、情動や感情のはたらきを正当に位置づけるべきであるという問題提起もなされている。

第一章　情報と情動——主知主義的な枠組みから情報概念を解き放つ

心を恍惚へと誘う、終わる時のあろうとも思われぬ力のせめぎ合いが、心の内にも身のまわりにも感じられ、せめぎ合うそれらの質料のうち、ぼくが注ぎ入ることができないものは、一つとして存在しないのです。

(Hofmannsthal, 1902=1991, 183)

一　情報概念の再考に向けて

歴史的な変化の中にある情報過程

今日、注目すべきあらたな情報現象が様々なかたちをとって生成している。パーソナルコンピュータや通信技術の急速なイノベーションが、旧来のマスメディアと総称されるメディア群の情報伝達過程を構造的に組み替えているからである。しかし、その変化はいまだその全貌を現してはいない。変化はいまだその端緒に就いたばかりであり、変化がいかなる帰結をもたらすのか、それを予測することが困難なプロセスの渦中にある。

現在の過渡期にある情報過程の変容を分析し、それを記述しようとすれば、さまざまな記述の仕方が可能だろうし、またそれが求められてもいる。複数の視点から描かれる多くの特徴や特性が今日の歴史的変化に孕まれていると考えられるからである。そうした複数の特徴の中でもきわめて重要なことがらの一つであると思われるのは、これまでであれば一部の人間に限定されていた、社会的な空間に情報を発信すること、多くの人々に開かれた公共的空間に情報を発信するという行為が、ごく普通の人々の間でも可能となったということだろう。誰もが自身の私的なメッセージなり情報を社会的・公共的な空間に向けて発信できるという特徴である。

マスメディアとそれに所属する人間にのみ許されていた公共的な空間に向けた情報発信を誰でも行うことができるという事態は、急速に日常化し一般化したために、特段論ずるべきことがらではないようにさえ思えるほどである。しかし、その変化が歴史的な変化であること、このことをあらためて認識する必要がある。

情報の生産が技術的な限界を抱え、また巨大な資本を必要とするという意味で経済的にも制約されていた段階では、情報発信がマスメディアという企業体とその「専門家」集団によって担われ、そのプラットホームから伝達された情報を受容することで、ほとんどの人間が結果的に同じ情報を分かち持つという基本構造が一般的であった。二〇世紀の「マスメディア型社会」とでも言うべき基本的な情報構造である。さらにより広い歴史的な視野から、大量の印刷物が出版資本主義という生産形態を通じて生産され消費されるようになった時期にまで遡るならば、この基本構造は二〇世紀のラジオとテレビの時代に限定されるようなものではなく、それは近代社会あるいは近代という時代の基本構造と言えるものでもあった。今日の変化は、この基本構造がその根底から覆されているという、まさに歴史的な変化である。

二〇世紀型の情報構造と対比的に言えば、基本的にネット型の情報は、個々の主体によるボトムアップ型の情報の流れを構成し、さまざまな社会的境界を横断し、国境すらやすやすと越境していく特性を持っている。さらに、発信された情報が、次々に、さまざまな回路を通じて、どこに向かって、どのように伝わるのか、それら一連の情報伝達の過程はきわめて不確定で、独自の拡散性と散逸性を持っている。さらに、こうした情報の移動は、広範囲に、それぞれの結節点で情報が補完され、差異化され、予測不可能な効果を生み出しながら流通するという特性も発揮している。ネット型の情報過程の特性は、従来の、先に述べたトップダウン型の情報流通によって結果的に同じ情報を分かち持つようなマスメディア型社会の情報の流れとは、まったくその様相を異にしている。

この歴史的変化と一体である新たな情報現象の生成は、人間や社会の知の在り方、人間の社会意識、社会の政治過程など、あらゆる社会過程に決定的な影響と効果を及ぼしていくことだろう。社会におけるこうした情報現象の特性なり特徴を、まさにこの情報現象に即しながら考察し明らかにする社会情報学やメディア研究の飛躍的な発展が期待される現実的かつ歴史的な根拠もこの点にある。
本章では、以上の歴史的変化を念頭に置きながら、情報概念について、やや詳細な検討を加えることにしたい。

情報概念の拡張の必要性

前述のように、「社会におけるこうした情報現象の特性なり特徴を、まさにこの情報現象に即しながら考察し明らかにする社会情報学やメディア研究」にとって、情報という概念にかんする考察は、問題の核心に直接迫るようなアプローチと比較すれば、あまりに迂回したアプローチ、あるいはアクチュアリティを欠いた作業と考えられるかもしれない。またそうした疑問とは別に、国内に限定して見た場合でも、吉田民人、田中一、西垣通、正村俊之といった研究者による精緻な情報に関する定義や考察がすでに行われており、こうした研究成果をもってすれば、情報に関する考察などもはや不必要なのではないかといった主張がなされてもおかしくない状況もある。

しかし、上記の研究者からも繰り返し主張されたように、情報概念に関する考察の重要性は、情報に関する定義の厳密化、厳密性の確保が情報学の学問的存在意義の鍵となるといった理由のみによるものではない。むしろその重要性は、現代社会における情報現象の特異性をどの点に見るか、来るべき社会の姿をどのように描けるのか、という情報学やメディア研究にとって最重要のテーマと直接結びついているからに他ならない。

言い換えれば、いかなる情報概念を構想できるか、それに応じて、情報現象の特性や特徴のより深い把握、情報現象が抱える課題や問題に関するより深い洞察が得られるという意味で、情報とは何かを考察することは決定的に重要なテーマなのである。

さらに言えば、情報に関する考察は、これまでの研究成果を踏まえつつ、より一層の展開が可能であり、かつさらなる展開が学問的にも要請されている、と私は考えている。

以下では、この問題関心に立って、これまでの情報に関する定義を振り返りながら、今後の展開の可能性を考察することにしたい。あらかじめ指摘しておくならば、その方途は、認知主義的な、主知主義的な視点からの情報概念の規定を見直し、生命、身体、運動という位相から情報を捉えることとの重要性を示唆することにある。そしてそのための補助線をなすのが、これまで情報学あるいは社会情報学の分野ではほとんど言及されることのなかったライプニッツ、タルド、ベルグソン、ドゥルーズといった人たちの系譜から導出される、情報やコミュニケーションに関する新たな思索であるということだけは指摘しておいてよいだろう。

以下、次のように論述していく。次の二節では、情報概念に関する卓越した考察を行った四人の論者の主張のポイントを簡潔に指摘する。それぞれの主張は先行する情報概念に関する発展的継承とも位置付けられようし、新たな展開とも見なしうるが、本稿ではそれらの主張のいずれもが情報過程の多面性を把握する重要な視点を内包しているだけでなく、情報を認知主義的な枠組みから捉えるという共通した特徴を有していることを示唆する。

続く三節では、以上の検討を踏まえて、上述したライプニッツやタルドの思考から示唆される情報概念を考えてみることにしよう。四節では、新たな情報概念から構想される社会イメージを記述することを試みる。

二　情報概念の検討の系譜

「パタン実体論」としての吉田理論

吉田民人・加藤秀俊・竹内郁郎編『社会的コミュニケーション』（今日の社会心理学4）に収録された吉田民人「情報科学の構想――エヴォルーショニストのウィーナー的自然観」は一九六七年というきわめて早い時期に執筆されたという点もさることながら、その構想力の豊かさと論理的厳密性という両面で、現在でも読み継がれるべき社会情報学の古典の位置を占めている。

周知のように、吉田の情報概念は、有名なワトソン＝クリックのＤＮＡ二重ラセン分子模型から示唆をうけている。というより、「ＤＮＡを構成する4種ヌクレオチドの『線形配列パタン』の各部分にもとづいて、もう一種の核酸、ＲＮＡ（リボ核酸）分子を構成する数十ないし数千の、やはり4種類のヌクレオチドの「線形配列パタン」が決定され、そのＲＮＡのヌクレオチド配列パタンに従って、酸素タンパク質を構成する百ないし数百個の20種類のアミノ酸の

「線形配列パタン」が決定される」（吉田 1967=1990, 33）という「遺伝情報」過程を〈原基〉として構想されたのが吉田の情報概念であり情報処理概念である。

四種ヌクレオチドの「線形配列パタン」＝「物質パタンX」と、ＲＮＡを構成する四種類のヌクレオチドの「線形配列パタン」＝「物質パタンY」とは、因果連合でもあり、相互変換でもあり、相互表示でもあり、相互反映でもある。これらの「パタン連合、パタン変換、パタン表示、パタン反映が生物体の自己保存（個体と種族の保存）のための情報処理に利用されるとき、はじめて記号現象があらわれる」（吉田 1967=1990, 40）。これが吉田の基本認識である。ちなみに、「因果関係」とは、「原因を成す物質パタンと結果を成す物質との連合」を意味する。

この因果関係は、吉田によれば、人工的な記号にも遡及される。「雲は雨と、煙は火と、足跡は歩行と、また感覚は刺激と、筋運動は遠心神経信号と、観測装置の計測値は観察対象のパタンと、それぞれに因果的に連合している」（吉田 1967=1990, 39）からである。パースによる記号分類の「指標＝インデックス」であり、吉田が述べる「シグナル信号」である。

一方で、こうした「連合」の関係は、因果的な連合のみならず、「肖像画はモデルと、ベルは食事と、言語は表象と、表象は事物と……、それぞれに規約的に連合している」と吉田が述べる「規約的な連合」関係も含んでいる。記号と指示対象との間にはなんら自然的な因果的関係が存在しないにもかかわらず、両者の間に結ばれた規約的な関係によって記号意味作用が成立している場合である。パースの記号分類に従えば、「象徴＝シンボル」の意味作用である。

こうして、吉田は、「遺伝情報」過程を〈原基〉として、インデックス、イコン、シンボルまでも包括する「記号―意味」連合の、共通要因としての物質パタンの連合を把握し、もっとも包括的な情報概念の規定をおこなった。それは「物質―エネルギーの時間的・空間的、定性的・定量的パタン」であるという規定である。

一九七四年の「社会科学における情報論的視座」では、この規定がより精緻化され、「物質―エネルギーの時間的・空間的、定性的・定量的パタン」という最広義の情報概念、「パタン表示を固有の機能とする物質―エネルギーのパタン」である「意味をもった記号の集まり」という広義の情報概念、「伝達、貯蔵、ないし変換システムにあって、認知、評価、ないし指令機能を果たす有意味のシンボル集合」という狭義の情報概念、そして「決定前提を規定する有意味のシンボル集合」という最狭義の情報概念という、四種の情報概念が定式化された（吉田 1974=1990, 113-122）。

吉田理論の特徴は、上記のように、「DNAを構成する4種ヌクレオチドの『線形配列パタン』」つまり物質パタンの存在が所与の前提とされる点にある。それが起点となって情報概念の議論が展開される。パタンあるいは差異の実在が前提とされ、因果的な連合であれ、規約的な連合であれ、一つのパタンが、パタン変換、パタン表示、パタン反映、として別のパタンに「連合」する関係に情報過程の本質を見るのである。

これを、「パタン実体論」と名付けておこう。それが、物質パタンの実在を所与のものとして前提とする議論だからである。

さて、こうした情報概念の規定には、より一層の考察が必要となる論点が残されたといえよう。第一の論点を、吉田の最広義の情報概念に即して指摘しよう。サイバネティックスの創始者ノーバート・ウィーナーの規定をふまえて、吉田は繰り返し「物質—エネルギーが客観的実在であるように、物質—エネルギーの時空的・量質的パタンもまた客観的実在なのである」（吉田 1967=1990, 38）と強調した。しかし、ここでより慎重に考えたいのは次のようなことがらである。「物質—エネルギーの時間的・空間的、定性的・定量的なパタン」という事態を吉田は度々「トン、トン、トン…」と机をより強く叩く「音」で説明した。「トン」という「音」と次の「トン」は、強さの異なる「音」として、つまり定量的なパタンの差異として存在する。あるいは机を叩く「トン」という「音」とテーブルを叩く「ドン」という「音」は定性的なパタンの差異として存在する。大変わかりやすい事例である。だが、以下のような場合はどうだろう。「トン」という一つの「音」が次第に消えていく場合である。もちろん、「音」と「無音」との差異、つまり物質—エネルギーの差異はあるが、「音」が次第しだいに弱まり、「無音」へと至る変化の過程の場合はどうだろう。そこにはいかなるパタンが存在するのだろうか。

ここで指摘したいのは、以下の点である。「物質—エネルギーの時間的・空間的、定性的・定量的なパタン」という文言をパラフレーズして言えば、動植物そして人間自身も含めた物質—エネルギーの世界において生起しているのは「物質—エネルギーの時間的・空間的、定性的・

定量的な持続的変化」であるということだ。「物質―エネルギーの時空的・量質的パタンの客観的実在」と述べる位相よりもずっと深い位置にあると私には思える、物質―エネルギーの「持続的変化」の位相である。

この問題は、もうひとつの疑問へと導く。たとえば、「音」と「無音」との差異、つまり物質―エネルギーの差異は確かに存在するように思えるが、「音」と「無音」を分ける境界線は生命体によって異なるという事実である。つまり、この事例から言えるのは、「物質―エネルギーの持続的変化」が、吉田が述べるように「物質―エネルギーの時間的・空間的、定性的・定量的なパタン」として、すなわち差異として、現れ出るには、その持続的変化のうちに差異を〈認知する〉プロセス、「他」の存在による〈知覚する〉プロセスが不可欠である、ということだ。絶えず変化し続ける動態の中で生成する何ごとかを、パタンとして、差異として、知覚する（もしくは構築するという概念がより適切かもしれない）プロセスである。

もう一度考えてみよう。絶えず変化するトランペットの音程と音量をデジタル信号に変換してパタンとして記録するには、一〇分の一秒、あるいは一〇〇分の一秒といった時間的細分化を行ってその分割にそって信号化する（パタン化する）過程が必須である。パタン化する、つまり他との差異を創り出すためには、持続する変化を裁断・分割するというプロセスが係わっているのである。

絶えず変化し続ける動態の中に生成する何か（何ごとか）を、差異として捉えるという際には、

〈認知する〉〈分割する〉あるいは〈構築する〉という生命体のプロセスが深く関与している。この「他」の存在の力動あるいは働きかけを重視する視点は、差異あるいはパタンがすでに確固として存在していると見なす「パタン実体論」の認識とは異なっている。

物質―エネルギーの差異ないしパタンはそれ自体として存在するのではなく、持続的変化の中にパタンや差異を観察する（あるいは構築する）「他」の存在の関与があってはじめて、差異ないしパタンは生成する。このことは、以下に述べるように、記号ないし言語をどう考えるかという点にも深くかかわっている。

第二の論点は、吉田が狭義の情報概念とみなした「有意味のシンボル集合」、とりわけ言語の恣意性にかかわる。吉田は、「話しコトバとしての『机』（＝ツクエ）は音響エネルギーの一定のパタンであり、それが内包する机の言語的・感覚的表象は神経パルスの一定のパタンであり、それが指示する現実の机も木材やスチールの一定のパタンにほかならない」と指摘する。その上で「だが、これらのパタンそれ自体では狭義の情報をなさない、二つのパタンが、記号およびその内包的・指示的意味として連合しなければ、狭義の情報とはならない」と正しく述べている。しかし、この指摘にも「パタンの実体化」という問題がある。

これももはや周知のことがらではあるが、ソシュールの構造主義言語学は、上記の、テーブルや作業台といった「他」と区別できるとされる「机」の木材やスチールの一定のパタンすら、所与のものとして事前に与えられたパタンではなく、言語システムという媒介を通じて編制され構成された、その意味で事後的に構成されたパタンにすぎないことを明らかにした。ある物質のパタンは他の物質のパタンとの差異においてしかパタンたりえないが、そのパタンとは所与に存在する実在ではなく、事後的に言語システムを介して構成されたパタンに過ぎない。

吉田は、言語と指示対象の関係をたしかに「規約的な関係」(吉田の言葉に従えば「連合」)にすぎないことを、もちろん正しく指摘している(「机」と呼び習わす対象を「エバ」と呼んでもかまわない。そこには一切の自然的因果関係は存在しないからである)。だが、その認識はいまだ、二つのパタンの実在的な存在を仮定し前提にすることで、一つの言語のパタンと一つの指示対象の物質パタンとの対応関係を捉える、ソシュールが批判した「言語名称目録説」の水準にある。パタンの存在を実体視する「パタン実体論」的な認識がここでも現れているのである。端的に指摘するならば、吉田の情報概念は構造主義以前の認識にとどまっている。[1]

この「パタン実体論」的な認識が抱える難点を回避するところから情報概念の検討を行っているのが、正村俊之ならびに西垣通の情報論である。

写像としての情報過程の精緻化

正村による大著『情報空間論』は、吉田による情報概念の定義を最初のエポックとするならば、それに続く重要な業績としてその意義はきわめて大きいと言える。

正村は、これまでの情報概念を規定するに際して二つのアプローチがあることを指摘したうえで、自身の視座を「写像アプローチ」と位置づける。第一のアプローチは「同一性アプローチ」である。土地と地図の関係で見ておこう。実際の土地の高低と土地の高低図との関係は、高低という基準に基づくパタン変換であり、「差異が存在するとは言え同一性が存在する」という意味で「同一性アプローチ」と言える。第二のアプローチは、「差異性アプローチ」である。同じく土地と地図の関係で見れば、地図には高低図もあれば、人口分布図もあり、街の配置図もある。これらの地図の差異は、実際の土地の「差異を生み出す差異」に基づいている。「パタンの同一性は、他のパタンとの差異に基づく」のである。よく知られるように、情報を「差異を生み出す差異」と定義したのはグレゴリー・ベイトソンであるが、その視点はまさに「差異性アプローチ」の視点である。

シンプルな事例ではあるが、実際にはきわめて重要な問題提起であるが故に、もう一度述べておこう。正村が的確に述べるように、「「土地にある何が地図にのるのか」という問いは、「何が土地と地図の同一性をもたらすのか」という問いに置き換えられる。この問いに対して、「同一性アプローチ」ならば、「土地と地図のパタン的な同一性」と答えるだろう。その意味では、「同一性アプローチ」と「差異性アプローチ」は相補的である。とはいえ、二つのアプローチは、二つの対照的な局面に照準している以上、異なった認識論的な帰結をもたらす。というのも、パタン間の差異を重視する「差異性アプローチ」は、特定のパタンが選択される際、選択対象となるパタンと、それを取り巻く他のパタンとの示差的な関係を主題化しているからである」

（正村 2000, 25）。

「同一性アプローチ」と「差異性アプローチ」は相補的である。しかし、「差異性アプローチ」が、「選択対象となるパタンと、それを取り巻く他のパタンとの示差的な関係を主題化している」という点で「同一性アプローチ」との差異があることが確認される。

その上で、この二つのアプローチでは「十分に明示されていない関係」（筆者の私見では、「差異性アプローチ」が十分に明示していない関係）を解明するのが「写像アプローチ」である。では「十分に明示されていない関係」とは何か。それは「同列の中から特定のパタンを選択する作用」である「選択作用」と「パタンを別のパタンに変換する作用」である「変換作用」という、二重の変換プロセスである。

その上で、重要な指摘がなされる。すなわち、「写像される側がどのようなパタンの差異構造として分節化されるのかは、写像する側のパタンの差異構造に規定される」（正村 2000, 32）という指摘である。このことを正村は「写像の逆写像性」と呼ぶ。そしてこの「写像の逆写像性」が無意識化されるとき、有意味に分節化された対象世界を客観的実在として把握するような「認識論的転倒」（正村 2000, 65）がはじまるというのである。きわめて説得力のある、重要な指摘である。

こうして正村は情報を次のように規定する。「情報は、写像元パタンの地平構造（「地平構造Ⅱ」）と、写像先パタンの地平構造（「地平構造Ⅲ」）のなかから特定のパタンを選択しながらパタン

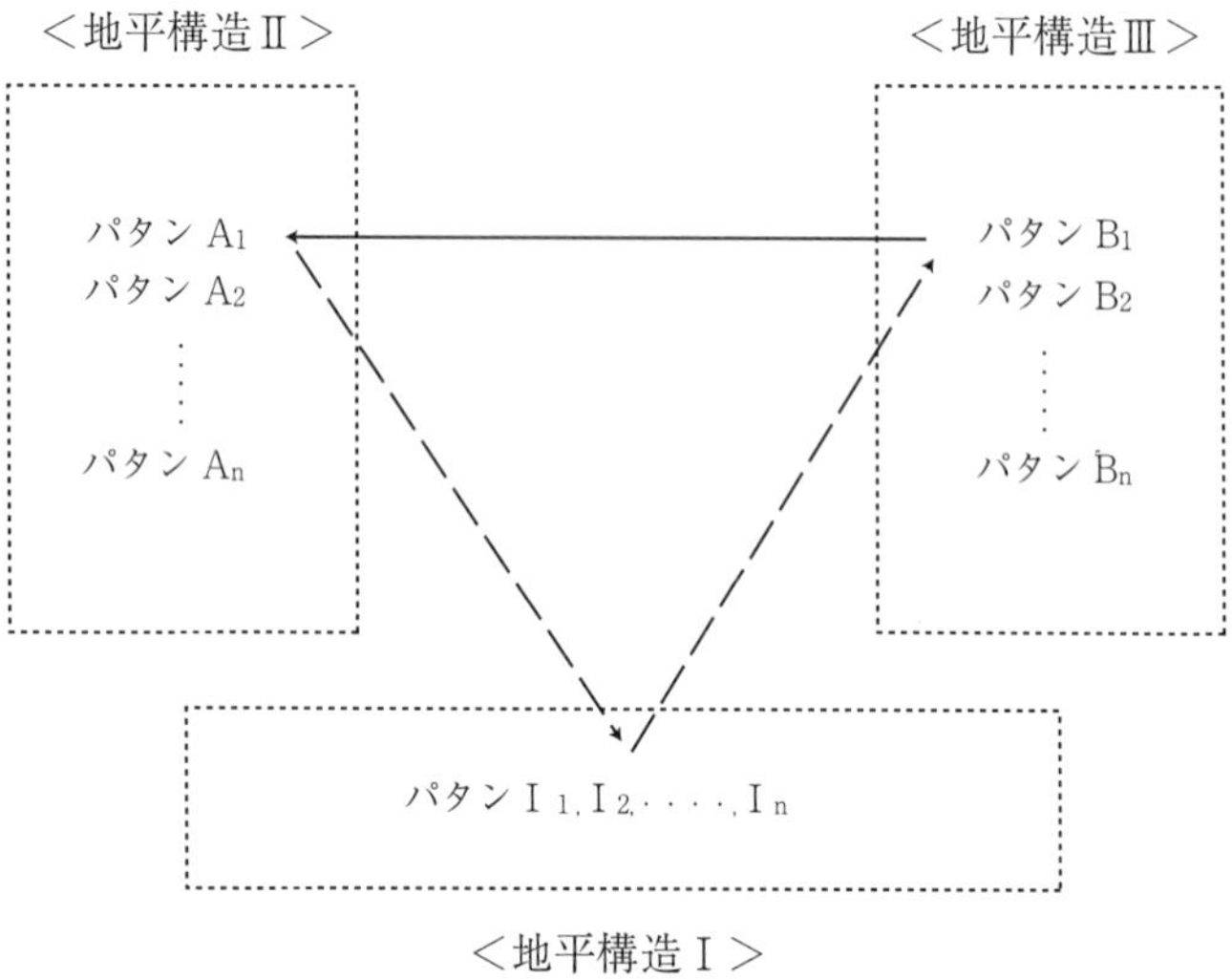

図１

変換を行っている」（正村 2000, 33）と（図1を参照）。

正村の情報概念にとって、もっとも基本的な論理を以上のように理解できるとするならば、この主張は明らかに、吉田がＤＮＡ遺伝情報に依拠しながら展開した情報概念の相対化をはかるものである。実在する一つのパタンと他の一つのパタンとの「連合」という一義的な対応関係から情報を考える「パタン実体論」の難点を回避することを意図している。対象世界に所与のものとしてパタンが存在するわけではなく、それは写像する側の差異によって構成された事後的なパタンである。

この理解が正しいとすれば、この認識論的な視座は構造主義のそれと相同的な関係にあることが分かる。正村自身がソシュールに依拠して言語情報にかんする「写像アプローチ」を展開していることからもそのことは傍証できる。また、正村はソシュールの「記号表現は地平構造Ⅰに属するパタン、記号内容は地平構造Ⅲに属するパタンとして存在する」（正村 2000, 50）とも指摘する。言語システムの恣意的な差異のシステムが対象世界の非連続性＝分節化をおこなうという構造主義の主張は「写像アプローチ」の「逆写像性」と同じ位置価をもつものだからである。「連続的な現実が不連続化される。連続的な現実としてあった地平構造Ⅱがどのように不連続化されるのかは、地平構造ⅡからⅢへの写像過程でどのような〈多対一〉写像が行われるかに依存している」（正村 2000, 51）と述べている点からも、このことが理解される。

このように正村の情報概念は、「パタン実体論」の難点を回避することに一つの解答を与えたものと見なすことができる。ただし、あらたな課題も浮かび上がる。ひとつは、正村が述べる「地平構造Ⅰ」、つまり「写像する側のパタン」の生成の問題であり、さらにいえば、「逆写像性」と正村が呼ぶ「地平構造Ⅰ」による「選択作用」が強調されるあまり、「地平構造Ⅱ」の対象世界の持続的変化がこの枠組みの中でいかなる位置づけを与えられているのかが十分説明されていないことである。すなわち、「地平構造Ⅱ」から「地平構造Ⅰ」へと向かうベクトルはなにを意味するのかという点である。

関係概念としての情報、生成としての情報

これまで、検討を加えてきた、吉田そして正村の情報概念に対して、西垣は「情報とはあくまで非物質的な存在であり、実体概念ではなく関係概念である」（西垣 2004, 11）として、実体概念としての情報を退ける見地から情報を定義する。この点で見れば、西垣は正村とほぼ同一の視点ないし問題関心から情報概念の規定をおこなっているといえる。西垣によれば、あくまで「情報は、対象の観察という行為と関連しつつ、科学的概念として位置づけられたのである」として、「情報を、生命体による認知活動・観察という行為と切り離し、あたかもモノのように『実体』として扱うことは科学的ではない」（西垣 2004, 11）のである。

了解されるように、かれの視点は、私がすでに述べた「対象世界の持続的変化がパタンとして、すなわち差異として、現れ出るには、その変化のうちに差異を〈認知する〉プロセス（あるいは差異を〈構築する〉プロセス）が不可欠である」という問いと同一の観点に立っている。それだけに、「情報を外部に実在するモノのようにとらえるのは誤りである。むしろ刺激に応じて生命システムのなかに『発生する何か』ととらえるほうが精確だろう」という指摘は十分に首肯できる。そして「発生する何か」という情報観は、正村の情報概念と微妙な差異を孕んでいることも了解されるだろう。

さて、こうした認識論的なスタンスから西垣は次のように情報を定義する。「情報とは、『それによって生物がパターンをつくりだすパターン』である」（西垣 2004, 27）との定義である。

すでに言及したベイトソンによる規定ときわめて近接した規定である。私自身の情報に関する考え方も、西垣の情報概念にきわめて近い。その理由を、繰り返し述べるならば、西垣の指摘する「対象の観察という行為と関連しつつ」情報を捉える、私自身の言葉でいえば「差異を〈認知する〉プロセス」と関連づけて情報を捉えることで、情報があくまで関係論的なことがらであり、生成という現象と不可分なことがらであることが明確に理解されると考えるからである。(2)

以下では、その点をオートポイエーシス理論に準拠しながら簡潔に指摘し、〈生成〉という現象の理解に資することにしたい。

生命体による認知活動・観察という行為との相関で情報を捉える試みは、西垣が述べるように、オートポイエーシスという概念の導入によって初めて理論的に捉え直されることになった。ウンベルト・マトゥラーナとフランシスコ・ヴァレラによって一九七〇年代に提唱されたオートポイエーシス概念をよく示す「色彩の影」と呼ばれる現象から説明しておこう。

二つの光源を用意し、一方の光源には赤いセロファンをフィルターとして装着し、その光に手をかざし、壁面に映った影を見ると、手の影のひとつは青緑色に見える、という実験である。この結果に対して、一般には、青緑色に見えるのは、青緑色の、つまり青緑色の波長の光が眼に届いているからにちがいないと考えるだろう。色彩とは物体とそれが反射する光の性質なのだ、と考えることに慣れているからである。しかし、装置を使って光の構成を計測してみると、青緑色を見ているその影の部分で、緑や青と呼ばれる波長が優勢ではなく、実際に測定されるのは白色光ほんらいの波長であるというのだ。にもかかわらず、わたしたちには青緑色に見える。これをどう理解すればよいのか。

マトゥラーナとヴァレラは、この事態を理解するためには、「対象物の色彩はそれらの対象物から受け取る光の性質によって決定されていると考えることをやめること」が必要だと主張する。つまり、色彩をもつ事物の世界についての人間の体験は、客観的に計測される光の波長という物理的性質とは独立しているのであり、したがって、理解するように努めなければならないのは、「色彩の体験が、いかに神経システムの活動状態の、システムの構造そのものによって規定された特定のパタンに対応しているのか」という点にこそあるという。

このマトゥラーナとヴァレラの説明にオートポイエーシスという考え方の基本が含意されている。すなわち、神経システムの活動を、いま述べた事例で言えば、視覚神経システムの活動を、対象世界ではなく、神経システム自体によって規定されたものとしてみなすという考え方である。「オートポイエーシス・システムが一貫して閉じたシステム」であるといわれるのは、こうした考え方を指している。

ふつうわたしたちは、「視覚的知覚とは網膜上のイメージに対するある種の操作であり、その表象が神経システム内部で変換されることになるのだ」と考える。マトゥラーナとヴァレラが「表象主義的アプローチ」と呼ぶ思考のタイプである。彼らは、上記のように、神経システテムのはたらきを精査することでこうした考え方を退けるのである。

いまひとつの例を挙げる。視覚神経システムのシナップスの連結で、中央にある外側膝状体（LGN）とは網膜と神経中枢システムとの間にある連結の部位である。この外側膝状体（LGN）を通して後頭葉視覚野へと投影される網膜上のひとつのニューロンに対して、視床下部などほかの神経システムから外側膝状体に投影されるニューロンの数は数百にもおよぶと言われている。しかも、LGN細胞が投影する相手である視覚皮質そのものが、LGNでおこることに影響を与えることに留意する必要がある。つまりこれらふたつの構造は一方向的なシークエンス（継起的連続）によってではなく、相互に影響を及ぼしあうように関連している。LGNとは網膜上の投影を大脳皮質につなぐ単なる中継基地などではないし、網膜上のニューロンから伝わるインパルスは外側膝状体におけるニューロンの状態を変化させることはできるが、特定することはできないということだ（Maturana & Varela, 1983）。

つまり、ここから言えるのは、神経システムの特徴が「作動的閉域」をもつこと、あるいは「神経システムはみずからの構成素を産出し続ける閉鎖したネットワークである」ということである。

環境からの刺激をインパルスに変換する細胞だけでなく、ニューロン・ネットワークをふくめたシステムそのものによって刺激される細胞をもふくむシステムにとっては、内部・外部の切り分けがあらかじめ存在しているわけではなく、それはただひたすらみずからの構成要素＝

ニューロンから伝わるインパルスを産出し、その構成要素がシステムを構成するという循環を繰り返すだけである。オートポイエーシスとは、オート＝自律、ポイエーシス＝制作・産出、というふたつの概念から成立しているが、まさに生命組織とはこうした自律した自己産出システムである。

日本におけるオートポイエーシス研究の第一人者である河本英夫は、「構成素を産出し続ける閉鎖したネットワーク」を比喩的に次のように述べている。「人間の体を構成する細胞は、不断に新陳代謝を行っている。細胞はみずからの構成要素を産出する活動を行っているだけであって、細胞が大気中の酸素と自分との関係を考えながら、酸素との関連を調整しながら構成要素を産出しているのではない。結果として酸素濃度との関係で、細胞の産出活動が影響を受けることはある。しかし、その影響を判定するのは観察者であって、細胞ではない。細胞の作動に内的な視点からシステムを捉える限り、システムそのものにとっては「入力も出力もないのである」と（河本 1991, 166）。

情報を考える際の視点を、生命体自身の内的視点、つまり生命体の〈知覚する〉という活動ないし行為に定位して見た場合、それは、変換、表示、反映あるいは写像という概念では捉えきれない、外界からの刺激に応じて生命体のなかに情報が〈生成〉するという事態なのである。

表現された区別

ここであらためて各論者の情報概念を振り返っておこう。吉田によれば、情報とは「物質―エネルギーの時間的・空間的、定性的・定量的なパタン」であった。それに対して正村は「情報とは、二重の変換プロセス（すでに述べた「選択作用」と「変換作用」である）全体」であり、「写像の基本構造は、情報の基本構造でもある」と規定する。「生命体の活動と相即的に生成する情報」に注目する西垣は、第一に情報の意味は解釈者によって異なる、第二に生物はオートポイエティック・システムであり、刺激あるいは環境変化に応じ、あくまで自分自身の構成にもとづいて自ら内部変容を続ける「自己言及＝自己回帰」的な性格をもつ、第三に意味作用を喚起する「刺激」やそれによって生じる「変容」は「形」であり「パターン」である、という三つの要件を満たす情報概念として、「情報とは、それによって生物がパタンをつくりだすパターンである」と規定した。

上記から理解できるように、情報にかんする基本的な構想の差異がそれぞれの論者の間に存在することが確認される。また、他方で、知覚、認知、といった対象世界の事物や事態の認知過程にかかわる側面から、情報、情報過程、を考えるという共通した基本的なスタンスが見られることも理解されよう。ここでは、その点を確認した上で、最後に田中一による情報概念を検討することにしたい。吉田による情報概念がいわば生物学ないし遺伝情報学に立脚したものであるとすれば、田中の情報概念は物理学あるいはもっと広く自然哲学にもとづくもので、情報過程の歴史的な層序の提起と合わせ、きわめて重要な貢献をなしているからである。また付言すれば、〈生成〉という情報概念の核心をもっともシンプルに記述しているのが田中の情報概念であるように思えるからである。

田中は、自身の情報概念の規定に際して、二人の先駆者を挙げている。一人は「状態に関する知識を伝達するときこれを情報という」と規定した北川敏夫、もう一人はすでに言及した吉田民人である。

田中は、この二人の規定をふまえながら、当初は、情報を「媒体の種類によらず伝達されるもの」と規定した。ただし、この定義では「伝達されるもの」とはなにか、という問題が残されたままである。その問いに答えるべく、次に「情報とは『表現された区別』」との定義が与えられることになる。しかし田中自身が指摘するところだが、「情報以外でもこの定義にあてはまる例が多い」ことを考慮すれば、この規定では不十分であると考え、「情報過程における表現された区別」という最終的な規定に至るのである。(3)

このシンプルな定義の特徴はなにか。「情報とは、それによって生物がパターンをつくりだすパターンである」という西垣の規定に即して見ておこう。この規定を分割して、「生物がパターンをつくりだす」との言表の「パターン」をパタンX、「パターンをつくりだすパターン」という言表の後者の「パターン」をパタンYとするならば、「パタンY」にかんする規定を欠いたまま「パタンX」のみが情報の本質的規定として見なされていることである。この「パタンX」は「情報過程」において「変換」されたパタンである。つまり、「パタンY」を規定からあえて排除することで、差異ないしパタンの実体化を極力避けて、変換された最終的な定性的・定量的に「区別された表現」形態として情報概念を規定しているのである。きわめて重要な指摘、卓見であるように思う。この点については、本稿の最後でふたたび言及することにしよう。

三　主知主義的な情報概念を超えて

「生成する情報」概念の拡張

以上、情報に関する規定を行った代表的な四人の定義をみてきたが、ここで意図しているのはその定義の妥当性の評価ではないことは繰り返し述べておきたい。それぞれの概念規定は、情報社会をいかに規定するのかにかかわる本質的な問題を一元的に把握することを回避し、異なる情報過程の特性や、情報過程の組織化にかかわる課題を多角的に捉えるために必要な概念群であるからである。

さて、このような考察を経た上で、以下で試みたいのは、従来の情報に関する考察で十分なかたちでは焦点化されなかった問題を提起することである。すでに、述べたように、田中の情報概念の規定を含め、いずれの考察も、情報ないし情報現象を、事物や事象の認知的な側面から捉えてきたといえる。しかしながら、その側面からのみ情報を捉えることでは情報現象を十全に把握することはできない。「伝達されるなにか」あるいは情報過程において「生成するなにか」は、「知られるもの」「知覚されるもの」「認知されるもの」といった「認知」や「認識」に関するものだけではない。「知識」であれ、「データ」であれ、人間の認識活動に寄与するものだけではない。情報過程を通じて「伝わるなにか」あるいは「生まれるなにか」は、「信念」や「情熱」や「意欲」や「感情」や「情動」でもある。そのことを深く認識する必要がある。

第二に、この「信念」や「情熱」そして「情動」が伝播していく事態を情報過程あるいは情報現象の重要な側面であると認識し、この側面を分析の視野に入れるならば、意識的作用、意識化された活動とは一線を画した、無意識の、意識化されないけれども何ごとか身体に作用する情報現象を、情報過程の本質的な側面として考えることの必要性が浮かび上がってこよう。そして第三に、そこから帰結することがらとして、情報概念の厳密性を追究することが意図せざる結果として、情報概念の厳密化を情報自体が逆に裏切ってしまうような事態を引き起こすことを指摘しよう。以下、それぞれの論点について順を追って論ずる。

意欲や情動の伝播としての情報過程

知、あるいは知識が時間や空間の隔たりを超えて伝達される。しかし、信念や意欲や情動も時空間を超えて伝達される。このことは、一見、至極当然のことのように思われるかもしれない。だが、山内志朗が指摘するように、「日常語のなかで『知らせる、通知する』という意味で使用され」、そして「それが、情報理論の成立とともに、『情報』として確立した意味をまとうようになった」情報概念の来歴からして、情報概念の「認知的な側面にのみ注意がはらわれてしまった」（山内 2012, 69）ことは否めない。そのために、情動、山内の言葉でいえば「情念」を情報や存在論との関連で考察することも少なかった。言い換えれば、「情報概念が採り得た選択肢の中で偏りがあった」と言える。

このような情報概念をめぐる「偏り」が存在するなかで、メディアと情報過程が単なる認知的な内容の媒体や媒介過程であることを超えて、信念や意欲そして情動や情念といった人間個体の活動や人間関係の基底にまで及ぶようなことがらであることを正面から論じたのがガブリエル・タルドである。

タルドは情報あるいは情報過程という概念を使用しているわけではない。しかし、その彼が情報過程に匹敵する概念として用いたのが「模倣」という概念である。模倣とは「ある精神から別の精神にたいする距離を隔てた作用という意味と、ある脳内におけるネガを別の脳内における感光銀板によって写真のように複製する作用という意味」（Tarde, 1890=2007, 12）である。つまり、空間的および時間的な距離を超えて、複数の精神間で作用する現象が模倣であるとされる。まさにそれは情報過程にほかならない。

ところで、「ある精神から別の精神にたいする距離を隔てた作用という意味」であれ、「ある脳内におけるネガを別の脳内における感光銀板によって写真のように複製する作用という意味」であれ、その作用を通じて何が伝達され、何が複製されるのか。タルドによれば、それは、「精神的傾向のエネルギー」あるいは「心理的渇望のエネルギー」であるとタルドが考える「欲求désir」であり、また「知的把握のエネルギー」あるいは「心理的収縮のエネルギー」と呼ぶ「信念croyance」である。この二つのエネルギーは、錯乱したり、集中したりしながら、連続した流れとして、「強度」を伴って伝播する。この欲求と信念が複数の精神間で伝播し模倣される場合に生まれるのは、「対立」であり、また「対立」の後に続く「順応」である。その詳細については、第二章で検討しており、ここではこれだけにとどめておこう。むしろ以下で指摘しておきたいのは、情報過程を模倣という概念でタルドが捉える際の知的源泉をなした、ライプニッツのモナド論である。

よく知られるように、モナドとは、ライプニッツによれば、「複合的なものに含まれている単純実体に他ならない。単純とは、部分がないということである。」（第1節）また「部分がないところでは、広がりも、形も、分割の可能性もあり得ない」（第3節）という。タルドは、このライプニッツの規定をふまえて、モナドを「識別不可能な無限小の部分」と定義する。

モナドは変化する。それをライプニッツは次のように述べる。「モナドの自然的変化は内的原理から来ている、ということになる。外的な原因が、モナドの内部に影響を与えることはできないからである」（第11節）。では、自然的変化はいかにして生まれるのか。「変化の原理のほかに、変化するものの細部が存在していて、これがいわば単純実体に、特殊化と多様性を与えているのでなくてはならない」（第12節）と指摘したうえで、ライプニッツはこの「内的原理のはたらきを、欲求（appétition）と名付けることができる」との規定を与えるのである。

モナドの変化を、その内部の内的原理、すなわち「欲求」という「能動的な力能」において見ること、そして変化する細部の特殊性と多様性が唯一無二の存在としてのモナドを構成しているという、ライプニッツの基本的考え方がここに示される。

タルドが「識別不可能な無限小の部分」と表現し、モナドの内部に「欲求」と「信念」を見る視点は明らかにこうしたライプニッツの規定を継承したものと理解されよう。

さて、上述のように、ライプニッツは、「モナドの自然的変化は内的原理から来て」おり、「変化するものの細部が存在し」、その細部には「いろいろな変化する状態や関係が必ず存在している」（第13節）と規定したが、この「自然的変化」、すなわち「単純実体において、多を含み、かつ多を表現している推移状態が、いわゆる表象にほかならない」（第14節）と述べるのである。

全宇宙を映し出す宇宙の生きた鏡であるモナド。そのモナドの表象を考える際に重要なのは、「表象は意識された表象つまり意識とは区別されねばならない」（第14節）というライプニッツの主張である。それは、明晰な意識作用のみならず、「渾然とした仕方で表象される宇宙、微小表象において与えられる宇宙」をも照らし出すような、無意識の作用、前意識の作用をも包括するようなものなのである。「意識されない表象など無いと考えた」デカルト派への明確な批判である。

ライプニッツの指摘にそっていまここで述べたことがらは、情報過程そのものであるといってよいだろう。

宇宙を映し出す鏡としてのモナド、そのモナドの変化の内的原理のはたらきとしての欲求、この能動的な力能としての欲求のもとで、多を含み、多を表現している推移状態にある表象の生成としての情報過程がある。しかも、この表象は、明瞭に意識された状態にある表象から渾然とした状態にある「微小表象」のレベルまでつねに変化する推移状態にある。

ここで、ライプニッツが「単純実体において、多を含み、かつ多を表現している推移状態が、いわゆる表象にほかならない」と述べていることにあらためて留意しよう。刻一刻と持続的に変化する動態を、単純実体において、多を含み、かつ多を表現している、との規定は、田中が「表現された区別」と規定したシンプルな情報概念と見合うものだからである。

ところで、ドゥルーズが「潜在的なもの」「可能的なもの」「現働化」「実在化」といった概念で把握しようとしたのも、この推移状態であった。

「微小表象」ないし「小さな知覚」は「それぞれの秩序において、微分的な関係に入る知覚が選択され、当の意識の仕切りに出現する質を生み出す」回路をもっている。「潜在性」のレベルにある渾然とした状態にある「微小表象」は、特定の身体において「実在化」されるなかで、ある特定の明瞭な知覚として「現働化」される。

このことをドゥルーズは次のように指摘する。「世界は、モナドの中においてだけ現働性をもつにすぎず、おのおののモナドは世界を自分固有の観点と固有の表面において表現するのである。しかし、潜在的—現働的という対は、問いを終わりにするわけではなく、さらに可能的—実在的という非常に異なる第二の対が存在する。……世界とは、モナドあるいは魂の中で現働化される潜在性であるが、また物質や身体において実在化されねばならない可能性である」（Deleuze, 1988=1998, 181）と。

モナドの「表象」に関するライプニッツの議論を基本的にタルドは引き継いでいるとみることができる。しかしながら、その一方で、タルドは独自の展開を試みる。それは、モナド間の相互交渉を考慮することなく、神による「予定調和」によって世界の秩序を構想したライプニッツの「閉じたモナド」という思想を転換し、「開かれたモナド」を構想することによってである。(4)

神の介在を経由しない、モナド相互の干渉から生まれる「対立」や「調和」あるいは「秩序化」のプロセスに眼を向け、そのメカニズムを解き明かすためのキーワードが、先に述べた「模倣」、そして「所有」という概念である。これらの概念を通して、タルドはモナド間のコミュニケーションないし情報過程を説明することを試みるのである。その詳細については次章に委ねることにして、ライプニッツとタルドの系譜から導きだされる情報そして情報過程に関する視点をあらためて整理しておこう。

「さだかな形を取らぬもの」の位相

「世界とは、モナドあるいは魂の中で現働化される潜在性であるが、また物質や身体において実在化されねばならない可能性である」。このドゥルーズの視座は、生命体の活動との相関において情報を捉えようとする視点と重なり合うものだ。その点を確認したうえで、ドゥルーズの言葉をより具体的な側面から検討する必要がある。

たとえば、物体からの反射光は網膜を刺激し身体は実在的に衝撃を受けるだろう。その反射光の光度が識別不可能なほど微細な変化であれば、意識にとってその微細な変化は変化として認識されないが、そうであったとしても身体はその変化を受け止め、何ごとかを生成していく。「潜在的なもの」は意識化されないからといって「非現実」であるわけではなく、「潜在的」であることにおいて「現実的 real」である。逆に、その光度の「強度」が高まり一気に変化する場合には、もちろんその変化を意識は変化として認識し、身体も強烈な苦痛を感ずるだろう。

あるいは次の例で考えることもできる。強い衝撃音が身体を襲うとき、その音が何かを識別し認識する暇もなく、何かを識別することができぬまま、咄嗟に体が反応して身体的な運動を開始する場合もある。要するに、生命活動をつうじた情報現象を対象とするならば、二つの契機、二つの要素を看過してはならない。

第一は、情報過程は明瞭な認識や知覚のレベルでのみ把握されてはならないということだ。潜在性のレベルから現働化するプロセスを通じて獲得される明瞭な知覚や認識は海面から顔を出す小島の突端のようなものであり、海中には眼には見えない小島の基底部分が存在する。不可視の、この基底部分に生ずる情報現象を見逃してはならないということだ。

第二は、情報はたんに認知的なレベルで作用するだけではないという点である。快や不快、苦痛や歓喜、好悪、といったさまざまな情動や感情が触発され、生成する。あらゆる物質や生命体や他者、それら一切のモノとの接触を通じて、快や不快、苦痛や歓喜、といった情動とともに、意思や意欲や信念として結晶化する情動作用が生成するということだ。

情報概念は、こうした「潜在的なもの」のレベルまでを見通した深度と、明瞭な知から渾然とした知までも、さらには微細な情動の襞までをもカヴァーする広大な領野を見はるかすものとして構想される必要がある。

この非認知的なレベルにおける情報現象についての率直な表現を私たちはホフマンスタールの次の文章に見て取ることができよう。

「たまたまこの胡桃の木に眼が行くと、おずおずと横目に眺めるだけでそのそばをすり抜けてしまうのですが、それも、その木の幹をめぐってただよう、世にも不思議な力の残した後味を追いのけまいと、また、かたわらの繁みのあたりに今なおゆらいでいる、およそ地上のものとも思えぬおののきを消し去るまいと思えばこそなのです。このような折々には、何の取り柄もない生物、犬や、鼠や、甲虫や、発達の悪い林檎の木や、丘を越えてうねる荷車の道や、苔むした石が、ぼくにとっては、幸福のきわみの夜の、身も心も捧げつくしてくれるこの上なく美しい恋人にもまして、いみじいものと感じられるのです。ものいわぬ、そして生命が通じているとはかぎらないこれらの被造物が、あまりに豊かに、あまりにもなまなましく現前する愛とともに迫ってくるので、ぼくの目は幸福にひたされて、あたりのどこを眺めても、至る所生気にみちているさまを見るばかり。存在するもの一切、記憶によみがえるもの一切、およそさだかな形を取らぬ思いのかすめるものの一切が、ぼくには、しかるべき意味があるように思われます」(Hofmannsthal, 1902=1991, 183)。

二〇世紀最初の年に書かれた『チャンドス卿の手紙』は、詩が書けなくなった詩人の苦悩を綴った手記の装いをとっている。だが、その核心にあるのは、世界を首尾一貫した言葉で表現することが可能であると考えていた詩人を襲った、言葉に託すことができず、「およそさだかな形を取らぬ思い」が生起したことへの驚嘆の思いであった。言い換えれば、「存在の連関の神秘」とでも言うべき事態を甘受した詩人の幸福である。ホフマンスタールはそのことを次のようにも述べている。「心を恍惚へと誘う、終わる時のあろうとも思われぬ力のせめぎ合いが、心の内にも身のまわりにも感じられ、せめぎ合うそれらの質料のうち、ぼくが注ぎ入ることができないものは、一つとして存在しないのです。……ぼくらは新しい関係を、存在全体と結ぶことができるのではないか、という気がします」と。

正村は、繰り返し、ラテン語のインフォルマティオ(informatio)に由来するインフォーメションヨン(information)という情報概念が、インフォルマティオの中心にあるフォルマ(forma)、すなわち「形」「形相」であることを強調し、「可能なものに限定が加えられることによって現実的なもの、すなわち形あるものが誕生する」ことを指摘している。だが、ここで強調すべきは、世界との感応のなかで「さだかな形を取らぬもの」が心に刻まれる、言葉や観念といった明瞭な「形」を取ることができないとはいえ、恍惚や、身体をふるえおののかせる「さだかな形を取らぬもの」、これこそが情報の「原基」であると認識することの重要性であろう。情報とは私たちの心に「さだかな形を取らぬもの」、つまり「質料」が否応なしに刻まれ、刻印されて生まれる「形相」なのであり、それこそが「魂」が形成し、「魂」が形成される、両義的なプロセスの内に生成するものなのである。

坂部恵の指摘に従うならば、ラカンが一九三六年に発表した「現実原則を越えて」と題する論考の中で「情報」に関して述べたことがらも、これまで論述してきたことがらを傍証するものとして位置づけることが可能だろう。ラカンは次のように記述している。「この言葉(information)のさまざまな意味の理解には、世間でありふれたものから古語としての用法まであって、ある出来事についての想念、印象の刻印、観念による有機化などを指しているのだが、これらの理解は、実際、対象の直観的形態、エングラム(知覚、記憶等の痕跡)の成形的形態、発達を生成する形式といった、イメージのさまざまな役割を、それなりによく表現している」(Lacan, 1966=1972, 102)と。ここで指摘された「古語としての用法」とは、坂部によれば、「観念による有機化」そして「発達を生成する形式」を指している。それはまさにこれまで述べてきたように、「さだかな形を取らぬもの」が刻印されるということがら自身が孕む両義的な――「魂」が形づくり、「魂」が形づくられる――キアスム的な関係を指示している。(5)

四　来るべき情報社会とは何か

情報とは何か

情報とは何か、という一見すると抽象的であると思われる問いをめぐって考察を試みてきた。以下では最後に、いくつかの情報をめぐる規定や定義が現代社会をどう把握するか、という問題に直結していることを示唆し、情報現象を通じて考察されるべき具体的課題を提起しよう。

最初に、吉田の情報概念は、パタンの存在が前提され、そのパタンが正確に変換・表示・反映されることを想定していた。テーブルと区別される机の物質的パタンは、デジタル信号であれ、「ツクエ」という音声記号であれ、別のパタンに変換され、テーブルとは区別される机という存在の認識なり認知をわれわれに与える。このパタンの「連合」が情報過程として想定されるのである。繰り返し述べるならば、机という存在（＝物質的パタン）を知らしめる情報は、声という媒体における音声記号、ラジオという電気的に変換されたシグナル信号、画像処理のためのデジタル記号など、さまざまなメディアを媒介にしながらも、しかも多様なパタン変換・表示を施されながらも、他と区別されるパタン表示を通じて、正確に伝達されることが暗黙に前提されるのである。

吉田は、この情報過程に関する理解を基盤にして、「記号行動の基本タイプすなわち意味作用の機能的タイプと同様に、情報処理に対するその機能」をよりどころにして、「認知情報」「評価情報」「指令情報」という三つのタイプに情報を分類し、自己組織系の制御モデルを構想する。「資源空間」の認識にかかわる「認知情報」とそれに関する「評価情報」、さらにその評価情報を踏まえた「指令情報」によって、「資源空間」を情報機能によって制御するという「資源空間」と「情報空間」の循環制御モデルである。

社会システムの制御と設計という課題に照らしてみるとき、こうしたパタンとパタンの「連合」を基礎とする情報概念とそこから導出される制御モデルが一定の有効性ないし効用をもつことは明らかである。今日の地球規模での因果の複雑な連動によって生じている環境問題や資源問題等に対しては、高度な計算能力をもったコンピュータ・システムやモニタリング・システムそして正確に情報を伝達する通信システム等、情報の生産・移動に関する高度な能力なしには対処できないからである。また、現在の高度の技術水準の下での情報能力は、こうした人類が直面する課題の解決のために、目的意識的に開発されるべきだからである。課題解決のための社会情報環境や情報システムを構築する上で、この循環制御モデルが提案する見取り図が一定の有効性をもつことは明らかである。

実際、高速度の情報処理と演算がコンピュータを介して可能となった現代においては、モニタリングによる計測、さまざまな認知情報の瞬時的な表示、認知情報にもとづくシミュレーションと評価情報の産出、さらにはそれに従った指令情報が機械的に生産可能であり、その適応範囲が大きく広がっている。吉田の情報概念は、機械系情報処理の過程に即してみれば、まったく正しい規定であり、かつさまざまなコンピュータと接続したコミュニケーション・システムの設計と構築には必須のモデルなのである。

しかしながら、一方でこのモデルの限界も明らかである。複数のメディアを媒介にしながら、多様なパタン変換・表示を施されながら、他と区別されるパタン表示を通じて、パタンXとパタンYの「連合」を通じて情報が正確に伝達されることを暗黙に前提とする吉田の情報概念では、機械的な情報処理から離れて、生命体による情報過程において生成する情報現象を十全に捉えることはできないからである。

この問題を克服すべく考案されたのが、正村そして西垣の情報概念であることはすでに見てきたとおりである。正村は、写像（逆写像）というコンセプトを与えることで、パタンAとパタンBの一義的な連合関係から情報過程を捉える見地を相対化し、パタンAが他のパタンといかに「連合」されるかは地平構造のパタンの差異によることを指摘した。

さきの吉田の指摘に倣うならば、「認知情報A」が、高い評価たる「評価情報B」を産出するか、低い評価である「評価情報C」を産出するかどうか、それは地平構造（＝個々の評価者の価値観のパタン＝差異であれ、当該社会の文化が体現する価値観のパタン＝差異であれ）に媒介されてその都度産出される。それを明示する理論的枠組みが写像モデルである。

こうした正村のモデル化に対して、西垣は、生命体の活動に準拠するかたちで、情報として何が受容されるかという問いではなく、正確には何が情報として生成するのかという問いへと転換させることで、情報の再定義を試みたのである。吉田が述べた「与件性」や「要件性」による「自己選択」は機械系情報処理においては一定の妥当性をもつとはいえ、人間―機械系の情報処理においてはけっして自明ではない。人間―機械系では、認知情報をベースとした評価情報の成立過程にはつねに誤謬や誤解が生起する可能性が内包されているし、評価情報の産出に際して当該社会の価値パタンや個人の価値意識が深く関与することで複数の異なる評価情報が産出されることが通常の事態であるからである。また評価情報にもとづく指令情報においても「制御不能」や「誤作動」のリスクに晒され、それに伴う資源空間の暴走といった事態を潜在的に内包している。

いずれにしても、西垣と正村の情報概念は、人間―機械系の情報過程の位相を考える場合には看過できない必須の重要な情報に関する規定なのである。情報学の分野における人文社会系のメディアやコミュニケーションにかんする情報学研究は、この情報概念のレベルに対応した広大な研究フィールドを開拓しつつあるといえる。

本章は、そのことを十分に認識した上で、情報という概念の核心には、「効用」や「手段的」とでも形容される位相に現出する情報の機能、つまり認知主義的、あるいは主知主義的とでも言える情報概念ではカヴァーできない、それ自体が歓喜であり至福であるような、「さだかな形を取らぬもの」としての――また他方では苦痛や憤りや、時には憎悪として現働化するような「さだかな形を取らぬもの」としても現れる――「情念」や「情動」という概念で表記されるような情報の位相を提示したのである。それは、日常の生活にあって不断に経験されているものでありながら、「さだかな形を取らぬもの」であるが故に、名を付されることもなく見過ごされてきたものである。そして、唯一、田中による「表現された区別」という規定はその薄暗いいまだ渾然としている領域に向けて放たれた一つの明晰な規定であるかもしれないことを示唆したのである。いまだ不透明ではある。しかし、上述した情報概念こそが、実は、高度情報社会という社会の構想をもっとも大きな射程で歴史的に描き出すことができるコンセプトとなりうるのではないだろうか。

来るべき「脱産業社会」への視座

よく知られるように、情報社会論の系譜を振り返ると、そこには二つの視点をみることができる。一つは、「脱産業社会」としての情報社会論であり、もう一つは、「高度産業化社会」としての情報社会論である。そのどちらも、人類の歴史的な発展段階を、工具や道具の技術革新によってもたらされた農業革命、物質・エネルギーの高度な変換技術によって推進された産業革命、そして自然の構成要素としての「物質・エネルギー」と並ぶもう一つの要素である「物質・エネルギーのパタン」としての情報の技術的革新としての情報革命という人類社会の発展をベースとして構想されてきたといえる。

とはいえ、見田宗介が的確に指摘するように、前者の「脱産業社会論」が産業革命以降に人類社会の全体を嚮導してきた「産業主義的な経済の全体の彼方を見はるかす視座」であるのに対して、後者の「高度産業社会」は「産業社会の原理の内部で情報諸技術の高度化のインパクトを論じようとするもの」である。

今後、情報に関する学的思索が、まさに「産業主義的な経済の全体の彼方を見はるかす視座」を我がものとしようとするならば、私たちは、より深く、より広い、情報にかんする構想と思索をめぐらす必要がある。さらに言えば、今日、私たちの目の前で生じている情報過程とそれが引き起こしつつある新たな特徴を帯びた情報現象を精緻に読み解いていくためにも、「さだかな形を取らぬ」潜在性の領野をも視野に入れた情報概念を精緻化していく必要がある。本稿はそのためのささやかな第一歩を記したに過ぎない。

注

(1) 吉田は一九六七年の論文でもソシュールに言及している。ただ、日本の文脈で言えば、丸山圭三郎に代表される言語の恣意性に関する議論がいまだ十分な展開を見せる前の時点におけるソシュール受容であったことを考慮する必要がある。吉田は「規約的」という概念は使用するが「恣意的」という概念は不適切であると繰り返し述べていることからも、この時期のソシュール理解が推測される。

（2）筆者は『岩波小辞典　社会学』（2001）の「情報」という項目の執筆を行った際には、ベイトソンの「差異を生み出す差異」という情報概念をもっとも適切な規定として考えていた。しかし、本文でも述べているように、その規定では「差異を生み出す」ところの「差異」が前提されている点でまだ検討されるべき余地を残していると考える。同様のことが、「それによって生物がパタンをつくりだすパタンである」と規定する西垣の規定にも言えるように思う。

（3）田中によるこの定義は、正確には「A　情報とは情報過程における二重の表現された区別である。B　情報過程は情報と変換ウエアから成り立つ。C　変換ウエアとは、単数または複数の変換系からなる明確で安定した系である」（田中 2006, 3）という複文定義のかたちをとっている。それは、情報概念にかかわる重要な規定というだけでなく、より広い文脈から検討されるべき課題を提起している。

（4）本書第二章で論じているように、ライプニッツが想定した神による「予定調和」という秩序原理が崩壊した後の、秩序の構成原理としてタルドが提起したのが「模倣」であり、モナド間の相互作用による「所有」「支配」の過程であると筆者は考えている。

（5）坂部は、このラカンの指摘を受けて次のような明確な論述を与えている。「ラカンは、informatio というラテン語が、盛期中世には、「能動知性」（の「可知的形相」を導入して）「受動知性」あるいは「魂」に形どりを与えること、を意味したというほかならぬその古義を踏まえて、この箇所を書いている」のであり、「したがって、『観念による有機化』は、ほとんど、『イデアによる魂の形成』くらいの意味、『発達を生成する形式（形相）』は、ライプニッツ風にパラフレーズすれば、『魂を生み出し形どる原始的力ないし実体形相』といったところでしょうか」（坂部 1997, 187）と指摘している。

第二章　タルドのコミュニケーション論再考
――モバイルメディアと接続するモナドの時代に

あらゆる真の科学は、無数で、無限小の要素反復の領域に到達する。

（Tarde, 1898=2008, 25）

「無限小のもの」と呼ぶ小さな存在こそは、真の因子（agents）であるかもしれず、われわれが「無限小のもの」と呼ぶこの小さな変異こそは、真の行為（actions）であるかもしれない。

（Tarde, 1898=2008, 135）

はじめに

一九〇一年に刊行されたガブリエル・タルドの『世論と群集』はコミュニケーション研究やメディア論にとって古典の地位を占めている。二〇世紀の最初の年に出版されたということもさることながら、コミュニケーションやメディアを対象とする研究分野におけるもっとも早い時期の業績のひとつでもある。その点からも、古典のなかの古典とも言うべき位置を占めているといっても過言ではない。

しかしその一方で、すでに多くの研究者が指摘するように、タルドは「忘れ去られた社会学者」である。タルドが活躍していた時期、タルドとデュルケームとの間で社会学方法論をめぐる論争が繰り広げられたこともあり、〈デュルケームとタルド〉という文脈のなかで、創成期にあった社会学という学問領域の対象や方法をめぐる両者の見解の差異や同一性に関する研究が日本の研究者を含めて行われた。とはいえ、現代の社会学におけるデュルケームという名前の大きさに比較するならば、タルドのそれはあまりに小さいと言えよう。もちろん、フランスでは一九七〇年代にドゥルーズによってタルドに対する再評価がなされ、大胆な読み直しが進展した。この小論もドゥルーズの指摘に多くの示唆を受けている。だが、こうした再評価という文脈も社会学やコミュニケーション論にはさほど大きな影響を与えることなく、タルドはまさに「忘れ去られた社会学者」の位置にいまだ置かれている。「デュルケームが「現在完了」の人であるのに対して、タルドは「過去」の人である」（稲葉 1964, 229）と稲葉三千男が述べたのは一九六四年であるが、現在もこうした状況はほとんど変化していないと言えるだろう。

日本で多くの読者を獲得してきた『世論と群集』にしても、古典として読むべき書物としての評価を維持しているとはいえ、『世論と群集』を翻訳した稲葉がこの著作の意義を指摘したことを除けば、本格的な論究は少なかった。(1) しかも、タルドにもっとも注目していたはずの稲葉のタルド論も、その時代の資料的制約によるものが大きいと思われるが、タルドの理論の一部しか描写していないように思われるのである。タルドとはいったいいかなる社会学者なのか。そして『世論と群集』はいかなる書物であり、それはどのような「読み」を求めているのだろうか。

本章では、タルドがもっとも大きな影響を受けたと考えられるライプニッツのモナド論、さらにそのモナド論をベースに展開された模倣論の検討を通じて、『世論と群集』の意義を再考することを試みよう。あらかじめ指摘しておくならば、この再考を通じて、タルドの「公衆」概念やコミュニケーション観を「近代主義」的な思考の枠組みの下に評価してはならないことが強調されるだろう。タルド理論はコミュニケーション概念それ自体の再考を促す諸契機を内包している。また、より広い文脈で考えるなら、普遍論争以降のオッカムに代表されるノミナリズムとは一線を画してきた別の系譜にこそ位置づけられるべきであり、その意味でタルドはポストモダニティの時代における社会学の新たな展開の起点におかれるべき研究者として今ふたたび再評価されてよいことを主張することになろう。

この小論では、以下の道筋にしたがって論を進めていく。第一に、『世論と群集』における「公衆」という概念を検討し、この概念をめぐる従来の評価が批判的に検討される。第二に、タルドの公衆概念ならびにコミュニケーション概念を再評価するために、タルドの思索の根底にあったライプニッツの「モナド」論とそれに関するタルドの評価について検討する。ドゥルーズは「ガブリエル・タルドの哲学は、最後の偉大な〈自然哲学〉のひとつであり、ライプニッツを継承するものである」(Deleuze, 1968=1992, 459)と述べた。この主張が指示するように、タルド理論の狙いを明らかにする上で彼がライプニッツの「モナド」をいかに把握し、継承したのか、この点に関する検討が欠かせないからである。第三に、ライプニッツの「モナド」論を継承しながら、それを独自に展開し直したタルドの独創的な研究として模倣論を位置づける。この社会学によれば、物理学や天文学そして生物学さらに社会学など、あらゆる学問が自らの対象とする現象すべてが、三つの基本的なカテゴリー、すなわち反復、対立、順応というカテゴリーから把握される。第四に、以上の考察をふまえて、あらためてタルドの「公衆」概念ならびにコミュニケーション概念をメディア論の視点を重ね合わせながら捉え直すとともに、現代におけるその意義を論究することにしよう。

一　『世論と群集』という書物

「公衆」とは

一九〇四年に死去したタルドにとって『世論と群集』は最晩年の著作といえる。モナド論ならびに模倣論が彼の社会学のグランドセオリーであるとすれば、その理論をベースにしながら、一方では犯罪社会学が、また他方では「世論と群集」の社会学が、当時のフランス社会に生まれた新たな社会現象を解明する核心部分として展開されたと位置付けることができるだろう。

「群集」と対比されるかたちで展開された「公衆」概念について内在的な検討をおこなうためにも、まずこの概念がこれまでどう理解されてきたのか、その点から見ておくことにしよう。

タルドは「公衆」を以下のように規定する。「民主主義的文明の進展につれてもっとも発達の途につくだろう社会集団、すなわち公衆という社会集団は、きわだった個性には自己を押し通す便宜を与え、独創的な個人の意見には普及の便宜を与える集団」（Tarde, 1901=1964, 31）である。この規定から理解されるのは、「公衆」とは社会集団であり、しかも「民主主義的文明の進展につれて」成立した、新しい社会集団にほかならないということだ。それは、家族、地域社会、政党、教会組織といった従来から存在する社会集団とは異なる新しい集団である。その成立の背景には、印刷物の流通とその拡大、そして読者層の拡大がある。タルドによれば「公衆は、印刷術の発明（一四五〇年）に由来する大発展の第一歩が一六世紀に踏み出されてはじめて生まれた」（Tarde, 1901=1962, 17）。しかしながら、一七世紀から一八世紀にかけては月刊誌や少数の読者を対象として書かれた少部数の書物を読む、ごく一部の選ばれた貴族に限られていた。こうした事情が劇的に変化し、公衆がまさに公衆として社会の前面に登場するに到ったのは一七八九年の大革命の前後であったという。新聞の発行部数が急速に拡大し、多くの読者が生まれたからである。「大革命以前には、公衆は、むしろカフェやサロンの会合の結果でこそあれ、その原因ではなかった。しかし、カフェの会合やクラブが重要な役割をはたす革命期になると、逆にそれらが公衆からうまれるようになった」（Tarde, 1901=1962, 20）とタルドは述べる。この文章はさほど重要な指摘のようには思えないかもしれない。だが、ここから読み取るべきは、カフェやサロンに集う人々（集団）による対面的なコミュニケーションが存在し、そこで記事の内容が断片的に話される状況から、むしろ新聞を読むという行為によって「読者共同体」がまず成立し、その「読者共同体」の構成員がカフェやサロンに集い、カフェやサロンを組織する状況へ変化したこと、この微細な変化にこそ重要な歴史的転換があることをタルドが察知していたということだろう。後年、ベネディクト・アンダーソンが「想像の政治的共同体」と呼んだ事態を、タルドは「公衆」という概念を通じて指示していたと考えてよい。印刷物とりわけ新聞を読むという行為から成立した新たな社会集団が「公衆」であり、それは「純粋に精神的な共同体で、肉体的には分離し、心理的にだけ結合している個人たちの散乱分布である」（Tarde, 1901=1962, 12）のだ。

この社会集団は、「本質的には肉体の接触からうまれた心理的伝染の束」であると考えられる「群集」とは異なっている。「群集」とは対照的に、「広大な地域にばらまかれ、めいめいの家でおなじ新聞を読みながら坐っており」、「体をふれあうこともせず、たがいに相手を見も聞きもしない」で、しかしそれでも「たがいに導きあい、たがいに暗示しあう（というよりも上からの暗示をこもごも交換しあう）人びと」が生まれる。そして彼らの間に、信念や感情が似かよっており、おびただしい数の他者にも、一瞬に、この考え、この情熱がわけあたえられているという自覚が生じたとき、「公衆」が生まれる。タルドによれば、さらに電信技術が発明され、

「どんなに離れたところへでも思想を瞬時に、完全に伝達移送する手段ができ、それによって公衆に、それもあらゆる公衆に、無限の広がりがあたえられる」（Tarde, 1901=1962, 20）と言う。このとき、この無限の広がりこそが、公衆を公衆たらしめ、群集から公衆を隔てる決定的な契機となるのだ。

では、この新たに成立した社会集団たる「公衆」は、これまでの社会集団や「群集」といかなる点で異なるのか。肉体的な接触のもとでの相互の作用をおこなう「群集」と比較して、「公衆」はどのような特質をもつのか。

よく知られるように、タルドに先行するかたちで、一九世紀後半の社会状況を「群衆」という概念を駆使して考察したル・ボンは、既存の社会集団の規範的拘束から離脱した人間が都市空間の中で偶発的な肉体的接触を通じて、感情的な同調行動や衝動的な行動をとる「群衆心理」の現象に注目した。自律した個人による理性的で合理的な判断に価値を置く「近代主義」的な理解に立てば、こうした現象は社会を混乱に導く逸脱行動として否定的に評価されることになる。ル・ボンもその例外ではなく、フランス革命以降に生じた一九世紀のさまざまな大衆行動を近代人たるべき意識的個性が消滅したことによって生じた社会混乱として「群衆行動」を捉えたのである。この「群衆」概念に対してタルドは「公衆」概念を対置する。ではこの両者のあいだにある違いとはなにか。(2)

「群衆のなかに引き込まれて自己を失った個人にくらべれば、新聞の読者のほうがはるかに精神の自由をふるえる」(Tarde, 1901=1962, 26) こと、そこに両者の違いを認めるべきなのだろうか。「群集」は感情的で、衝動的行動をとりやすい。それに対して、「公衆」はなにより「読書」する主体であり、より自由で、より理性的で、合理的であると。タルドの見解によれば、こうした認識は誤っている。むしろ「公衆」は「群集」と比較してより等質的であるという。

読者はもちろん記事の内容を熟考することもある。普段の受身な態度を切り替えることもある。だがまたそうした熟考や態度をとるからこそ、自己の意見や感情に合致した他の新聞に乗り換えることもする。他方、記者も、こうした移り気な読者の動向を察知し、読者をつなぎとめようとする。タルドはこの関係を「相互適合にもとづく相互選択」あるいは「二重の相互適応」と「二重の相互選択」と規定する (Tarde, 1901=1962, 27)。この相互の適応と選択の結果、読者の方は「自己の偏見や感情をくすぐる似合いの新聞」を選ぶようになり、新聞の方は「御しやすく軽はずみな読者を勝手気ままにえらびだす」ことになる。すなわち「新聞記者がその公衆に意見をいやおうなくおしつけてしまうだけでなく、「二重の相互適応」の作用と「二重の相互選択」によって、公衆は記者に操縦されやすい等質的集団になってしまい、新聞記者はいっそう強力に、いっそう確実に行動できるようになる」というのだ。「公衆の扇動者たちは、彼らの邪悪な意図のほうへ、きわめてやすやすと公衆をみちびく。公衆の用に供すべく、憎悪のためのあたらしい一大対象を見つけ、またデッチアゲルことは、これまたジャーナリズム界の王者となるもっとも確実な手段のひとつである」(Tarde, 1901=1962, 67)。

「群集にせよ、公衆にせよ、あらゆる集団は……羨望や憎悪について扇動をうけやすいというなげかわしい傾向」を孕んでいる。しかしながら、新聞記者に操縦されやすい読者公衆に比較すれば、「一般に、群集は、公衆ほど等質的ではない」(Tarde, 1901=1962, 27)。「公衆」は肉体的接触を通じて感化されやすい「群衆」とは異なる。しかし、「公衆」が読書する主体であろうとも、そのことが「公衆」をして個性的であること、理性的であることを導出するわけではない。むしろ、「公衆」の方が「群衆」と比較してもより「等質的」な集団となりうる、とタルドは指摘するのだ。そして、このような新聞ジャーナリズムの経済的な拡大と新聞読者層の拡張が一気に進むことによって生じた一九世紀後半の社会的コミュニケーションの変容を前にして、タルドは「新時代の危機」を見て取るのである。

相反する二つの評価

さて、このようなタルドの立論に対して、これまで相反する二つの評価が与えられてきた。その一つは、清水幾太郎に代表される、文明化の過程に生まれた「公衆」という新しい社会集団がもつ「光」の側面を積極的に評価しようとする見解である。タルド自身、先ほど論究した、等質的な性格をもつ「公衆」というネガティブな見解の後に、それを打ち消すような希望的な観測を述べていることからして、清水に見られる見解も理解できないわけではない。

たとえば、タルドは次のように指摘する。「こういった悲観的な意見でこの章を終えるつもりはない。なにはともあれ、新聞がひきおこした深刻な社会変革もけっきょくは、団結と恒久平和の方向へすすむものと信じたい。これまで見てきたとおり、われわれが公衆と呼ぶあらたな集団は、古い集団にとってかわり、あるいはそれにつみかさなり、つねにもっとひろがり、もっと充実し、慣習の支配から流行の支配へ、伝統から革新へと時代を変えていくばかりではない。はてしなく闘争するたくさんの種類の人間集団が、きっぱりと根強く分裂していたのをあらため、境界が定かでなく変容の余地があり独立しきっていない、そういう各分節への分節化をもたらす。そして、たえざる革新と相互浸透とをはじめる」（Tarde, 1901=1962, 67）と。

それに対して、『世論と群衆』を翻訳した稲葉の見解はかなり複雑で、晦渋に満ちたもののように思えるが、「公衆」の「影」の部分に着目したものといえる。

「タルドは、ル・ボンの『群集』に代えて『公衆』を発明したわけだけれども、群集と呼び、公衆と呼ばれようとも、いつも操作の対象となる人間の群れを、彼らは見ていたといえる。その意味では、古典的民主主義の担い手としてライト・ミルズが描いてみせる「公衆」とは、決定的にちがう」と稲葉は指摘する。その上で、「タルドの『公衆』に徹底的に欠けているのは、送り手の機能、討論の過程、そして自律性である」と述べることで、操作されやすい非自律的性格や受動性を強調するタルドの「公衆」概念に手厳しい反論を加えるのである。(3)

タルド自身、すでに論述したように、影響を受けやすい読者の態度や等質性に言及し、そのことに危惧を抱いていたことは間違いない。その意味では、稲葉のこの指摘も単純に退けられるべきものではないとも言える。

また、「公衆」という概念について、「当為概念」もしくは「規範的意味」を含意するものとしてこの概念を受容してきた研究上の文脈からすれば、タルドの「公衆」概念に関する稲葉の反論や違和感も理解できないわけではない。すなわち、「公衆」とは、読者として自律的に判断し、相互の討議を通じて理性的な結論を導出できる集合的主体である（あるいは「主体であるはずだ」）という規範的含意である。すでに言及したように、理性や理性的判断を重視する「近代主義」的な個人観に立つが故に生まれる反論や違和感である。こうした「個人」「公衆」に対する「近代主義」的な理解とは対照的に、タルドの「公衆」概念は、「たがいに暗示しあう」「上からの暗示をこもごも交換しあう」という文言や、「あらゆる新聞がそれ独自のよびものをもち、このよびものがしだいに光彩を増し、あらゆる読者はこの光彩に目がくらみ、催眠術にかかり、よびものにすっかり気をうばわれる」といった文章に見られるように、「暗示」や「催眠術」といった現在の文脈からみれば「非科学的」と思われるような用語に満ちている。

つまり、タルドの「公衆」は、これまで「公衆」といった概念で想定されてきた自律した理性的な主体のイメージでは到底収まりきらない特性を内包しており、そうであるが故に、手厳しい批判が加えられてきたのである。さらに、こうした「公衆」をめぐる概念規定の違いは、「公衆」の受動的性格を強調するタルドの主張が「社会の革命的変化に対する反作用に根ざす貴族主義的批判」（稲葉 1962, 242）に属するものだとみなす理解に導くことにもつながっている。(4)

こうした相反するように見える二つの立論はタルドを理解するうえで適切で妥当なものだろうか。

ただ、いま述べた「妥当なのだろうか」という問いは、事実関係をめぐる真偽を指摘したものではない。ある社会現象が、多くの場合、「光」や「影」という二つの側面を合わせもつことはけっして例外的なことではない。新聞の読者が「光」や「影」という二つの側面をもつこともまったく不思議なことではないだろう。タルドの時代の読者が操作されやすい人間ではなく、理性的な判断や自律性をもっていた（もっていたはずだ）と稲葉のように指摘することも可能だろうし、その逆も可能であり、その事実関係をここで問題視しているわけではない。

むしろここで提起した疑問は、これまで「公衆」といった概念で想定されてきた自律した理性的な主体というイメージには到底収まりきらない特性を指示するタルドの「公衆」という概念装置を、独自の概念として検討することが不十分なまま、上記のような評価が行われてきたのではなかったか。その意味で、こうした立論や評価は妥当か、という問題提起なのである。

本章で指摘したいのは、タルドの「公衆」という概念が、「光」と「影」といった二項対立的な把握から離脱したところではじめて見えてくる読者や視聴者の実相に迫る有力な読み取り装置として再評価されるべき内実を備えているのではないか、という点にある。そしてなによりも、インターネットという新しいメディアが登場したいま、タルドの「公衆」という概念装置が奇妙なリアリティをもって私たちに何事かを語りかけているように思えるのだ。以下、タルドの理論的営為を、この問題関心にひきつけながら、辿り直していくことにしよう。まず検討を要するのは、タルドの「モナド」論である。

二　モナド論

タルドが「モナド論と社会学」を公刊したのは一八九五年である。どの時期から彼がライプニッツの思想に接していたのか定かではない。だが、「タルドの著作のなかでもっとも原理的な内容」(村澤真保呂)をなしていることは間違いなく、『模倣の法則』や『社会法則』といった彼の主著の基底をなす思想がこの論考で展開されていると見なすことができるだろう。

識別不可能な無限小の部分

タルドにとって「モナド」とはなにか。前章で述べたように、「識別不可能な無限小の部分」(Tarde, 1895=2008, 131)が「モナド」である。それがタルドの定義である。それは、「モナドとは、複合的なものに含まれている単純実体に他ならない。単純とは、部分がないということである」(第1節)、「部分がないところでは、広がりも、形も、分割の可能性もあり得ない」(第3節)というライプニッツの規定を十分にふまえているといえる。

さらに、タルドによれば、「すべては無限小のものから出発し、すべてはそこに戻る」のであり、

「有限の領域、あるいは複合体の領域においては、いかなるものも突然出現することはなく、また突然のうちに消え去ることもない」。したがって、「無限小のもの、すなわち要素が万物の原因であるとともに目的であり、実体であるとともに理由である」（Tarde, 1895=2008, 134）。繰り返すならば、「万物の原因であるとともに目的であり、実体であるとともに理由である」ところの「識別不可能な無限小」の要素が「モナド」である。

「モナド」にかんする上記の規定がもつ「本質的な仮説」から、「あらゆる補助的な仮説が科学として打ち立てられつつある」ことを、当時の物理学や生物学や化学といった諸科学のさまざまな知見に基づいて説明することをタルドは試みる。彼の観察によれば「化学だけではない。さらに物理学が、そして諸々の自然科学、歴史、そして数学さえもが、われわれをモナドへと向かわせている」（Tarde, 1895=2008, 126）のである。

たとえば、ランケを引用しながら「ニュートンの仮説がきわめて重要である理由は、ひとつの天体の重力はそれを構成する物質すべての重力の総和にほかならないということを明らかにしたことである。そこから直接的に、惑星たちは相互に重力の作用を及ぼしあっていることが明らかになり、さらに、それらの惑星を構成しているもっとも微細な分子についても同様であることが明らかになった」（Tarde, 1895=2008, 126）と述べて、その重要性を強調する。その理由は、「それ以前の時代には、ひとつの超越的な統一体と見なされており、その天体の内部にある諸関係は、その天体がそれ以外の天体とのあいだで結んでいる関係と、いかなる点でも似ているとは考えられなかった」（Tarde, 1895=2008, 126）のに対して、ニュートンの仮説がこの旧来の思考を打破したからである。認識すべき重要な点は、ある一つの天体は単独で存在する「超越的な統一体」ではない、ということだ。自立した統一体とみなされる一つの天体は、実は他の天体とのあいだに結ぶ相互干渉ないし相互作用の関係（したがって、ひとつの天体は他の諸天体との関係を取り結ぶなかで生成された上位の集合体の一要素にすぎない）において存在し、他方その天体自体もその内部の微細な分子からなる相互干渉と相互作用（したがって、ひとつの天体も、その内部の諸要素の関係から生成する一つの集合体にすぎない）において存在しているのにすぎないのである。

あるいは「生物種の変容（＝生物の進化：筆者）」も、「それをはっきり見える差異の総計とみなしたら理解不可能であるのに、それを無限小の差異の総計と考えればかんたんに理解できる」（Tarde, 1895=2008, 132）ことも「モナド」にかんする仮説を傍証する有力な知見と見なしている。(5) 進化する前の生物と進化後の生物の形態を比較するとき、それが進化の結果であるとはにわかには信じられない。しかし、微分の視点からみれば、微細な分子の相互干渉による長期にわたる帰結、微細な分子の相互干渉の反復の結果、つまり「異なるようになり」そして「おのれを目的だとしておのれ自身に与える」反復による結果として考えるならば、私たちは容易に進化の過程を理解できるようになるだろうと言うのである。

ひとまずここで整理しておこう。超越的な統一体とみなされる一個の天体であれ、一つの生物種であれ、一つの統一体の秩序や性質は他の統一体との相互干渉や相互作用にもとづいている。統一体はこの相互干渉の関係から生成する上位の集合体の一要素にすぎないし、統一体はその内部にある微細な要素＝統一体の相互の関係に、さらにまたその微細な要素はさらに一層微細な要素＝統一体の相互の干渉の関係にもとづいている。しかも、この相互干渉の反復は、差異が、増えも減りもせず、むしろ差異自体が「異なるように」なるプロセスとして不断に生成する。このことが事実であるとするならば、まさに「識別不可能な無限小」の要素である「モナド」こそが、「万物の原因であるとともに目的であり、実体であるとともに理由である」ということになる。

繰り返し指摘するならば、ある統一体はその内部に存在する微細な要素＝統一体の相互干渉の関係から成り立ち、その微細な要素もまたその内部に存在するより一層微細な要素の相互干渉の関係から成立する。したがって、タルドは、「あらゆる科学の最終的要素、すなわち生物における細胞、化学における原子も、いずれも個々の科学においてのみ最終であるにすぎない。それらもまた、複合体なのである」（Tarde, 1895=2008, 129-130）と指摘するのである。[6]

この認識にしたがうならば、社会という集合体についても、いま述べた「生物における細胞」あるいは「化学における原子」と同様に把握されるべきである。タルドによれば、「長いあいだ、国民だけが唯一の真の実体とみなされてきた」という。また、国家という統一体の成立の根拠を「民族の天才に、人民の最深部にある匿名的で超人的な要素が自発的に噴出することに求めるべきである」（Tarde, 1895=2008, 129）といった歴史哲学者たちの主張が繰り返し展開されてきたという。しかし、そうした議論はまったく「不毛な理論」にすぎない。国家、民族、あるいは集合的心性といった「統一体」は単独で存在する「真の実体」などではなく、それこそ「みせかけの実体」にすぎない。科学における最終の要素、つまり「社会」におけるそれは「個人＝モナド」であり、この無数の、そして無名の諸個人＝モナドの相互干渉にこそ目を向ける必要がある。ただし、この「個人」も社会学という「個々の科学領域においてのみ最終であるにすぎない」実体にすぎないだろう。したがって「個人」の内部にある細部の世界、つまり微細な要素の相互干渉の関係にこそ社会科学者は眼を向けるべきなのだ。

このようなタルドの基本的な認識に対して、デュルケームは社会的現象を個人あるいは個人の心理現象に還元するものとして手厳しい批判を向けたことはよく知られる通りである。しかし、このタルドの基本的な立場を、デュルケームやデュルケーム学派から批判されたような心理学主義あるいは相互心理学主義に還元する議論である、と理解してはならない。タルドがデュルケームを批判するのは、「無数の人間たちの類似」から結果として成立した「社会的事実」を既定のものとみなし、元々説明すべき微小な「無数の人間たちの相互干渉」の現象そして相互干渉による類似の現象をデュルケームが見過ごしていることにある。国家という集合体、非人称的な所与のものとしての制度、あるいは革命や歴史的変革をもたらす大人物や天才の理念や思考を単独の実体と見なして、それを「社会的事実」として所与の前提とする思考にかえて、そうしたもの一切の基盤にある、無数の人間たちの諸観念の相互干渉、無数の人間たちのささやかな諸発明の相互干渉と蓄積、無数の人間たちの欲望と信念の流れ、それらを問題化し、主題化し、可視化する必要がある、とタルドは主張するのである。しかも、この個人間の相互の干渉の関係も、一人の人間のなかの、つまりより微小な実体たる脳の細胞＝モナドの相互の干渉に基礎づけられるべきものなのだ。これがタルドの微視的社会学の根幹である。

確認すべきは、第一に「識別不可能な無限小の部分」が実体であるという「ライプニッツが得た霊感の根底にあった確信」（Tarde, 1895-2008, 131）をタルドが継承していることである。そして第二に、この「無限小の部分」の相互干渉の反復は、すでに言及したように、差異が、増えも減りもせず、むしろ差異自体が不断に「異なるように」生成するプロセスとして考えられることだ。差異あるいは差異化のプロセスに対するタルドの鋭い感受性である。このことを確認した上で直ちに問われるべきは、「モナド」の性質であり、「モナド」と「モナド」の関係であるだろう。

外部世界のすべては、私とは別の魂たちから構成されている

「すべては無限小のものから出発し、すべてはそこに戻る」という「モナド」論の立場に立つならば、空気や天体や岩石などの無機物も、そして菌類にはじまり巨大な屋久杉まで、さらにアメーバーから人間まで、あらゆる動植物を含む有機体も、すべてが原子・分子といった「識

別不可能な無限小の部分」を所有するという点でなんら変わりなく、それらは共通の基盤におかれている、と考えることができるだろう。したがって、それは、物質と精神、脳細胞の振動と精神状態、といった二元論を統合する「一元論」を準備することになる（Tarde, 1895=2008, 141）。

そのことをタルドは「外部世界のすべては、私とは別の魂たちから構成されており、しかも、それらの他の魂たちは、根底において私の魂に似ているのだ」（Tarde, 1895=2008, 142）と表現する。このような文章に出会うとすぐさまわれわれは、「万物共感」あるいは「万物照応」の思想を想起することになるが、それは後述することにして、なぜ「魂」なのか、「魂」とはなにか、なぜ天体や岩石や植物にまで「魂」の存在を見るのか、この点について述べておく必要がある。(7)

タルドによれば、「魂」とは二つの状態、肯定と意志を生み出す源泉である「二つの力」の作用、すなわち「信念」と「欲望」、「信じること」と「欲すること」、という「二つの力」の作用のもとにある。(8) この規定によれば、「この二つの力は、あらゆる人間や動物の心理的現象のなかに普遍的にみられる」というタルドの言葉は十分理解できるし、通常われわれが理解できる範囲にあると判断されよう。たしかに、私たち人間はこの二つの「力」を認識できるし、動物にもこの力があるだろうことを推論できるからである。しかしタルドはこの「常識」を超える論述をおこなう。「物体の運動とは、モナドたちによって形を与えられた一種の判断や意図にすぎないことになる」(Tarde, 1895=2008, 144)というのである。「判断」つまり「信じること」、「意図」つまり「欲すること」、この力が物体の運動や変化をも引き起こすというのだ。しかも、この指摘が物体の運動や植物の成長を人間の活動に擬えて捉えるような「擬人論」とはまったく異なるものであることに留意しなければならない。人間の活動に擬えるのではなく、文字通り、物体の原子や分子の活動に「信じること」や「欲すること」の「力能」を見るのであり、人間の活動自体をこの「力能」の層において捉えることを求めるのである。この自らの立場を彼は「擬心論」と名づける。

タルドによれば、「信念と欲望は、無意識の状態を含むという独自の特権を手にしている」(Tarde, 1895=2008, 145)。無意識の欲望、無意識の信念というものはたしかに存在するのであり、それらはわれわれの快楽と苦痛のうちに含まれた欲望であり、われわれの感覚のどこかに埋め込まれた判断である。「欲望や信念にもとづく行動は、実のところたんに感知されることがありえないばかりか、そのようなものとして感じ取られることもありえないことに注意しなければならない。それは、ある感覚が活動状態にあるかないかが、その感覚自身によっては知られないのと同じことである」(Tarde, 1895=2008, 146)。そうであるならば、こうした「力能」を、無機物や植物の内部の分子や原子の運動によって引き起こされる変化や成長にみることも不可能ではない。(9)

敷衍しておくならば、ライプニッツは「モナドの自然的変化は内的原理から来ている、ということになる。外的な原因が、モナドの内部に影響を与えることはできないからである」（第11節）と述べたうえで、この「変化の原理の他に、変化するものの細部が存在していて、これがいわば単純実体に、特殊化と多様性を与えているのでなくてはならない」（第12節）と指摘し、この「内的原理のはたらきを、欲求（appétition）と名づけることができる」（第15節）との規定を与えていた。[10] 前章で論及した通りである。したがって、モナドの変化を「能動的な力」としての「欲求」にみる、このようなライプニッツの規定をみれば、それをタルドが十分に踏襲しているとみなしてかまわないだろう。いずれにしても、無機物やあらゆる動植物の「無限小の要素」である「モナド」の「能動的な力」に「信念」と「欲望」という二つの流れをタルドは捉え、これを「魂」と名付けるのである。

「物質は精神に属するものであってそれ以上のものではない」（Tarde, 1895=2008, 141）という「擬心論」の立場からの命題は以上のような認識から導出される。そして、一切の「物質は精神に属する」ものであるかぎり、「外部世界のすべては、私とは別の魂たちから構成されており、しかも、それらの他の魂たちは、根底において私の魂に似ているのだ」と述べるのである。

「閉じたモナド」から「開かれたモナド」へ

ライプニッツの「モナド」は「窓のないモナド」と言われる。『モナド論』の第7節には「モナドには、そこを通って何かが出たり入ったりできるような窓はない」との規定がなされているからである。あるいは第51節では「単純な実体においては、一つのモナドから他のモナドには観念的な作用しか存在せず、その作用は神の仲介によらなければ効果を持つことはない」とも書かれている。モナドはそれ自体で完結していて、他からの自然的な影響は受けない。「影響」とは物理的な作用であるが、こうした一切の影響がなく、観念的な作用しか受けず、神を介してしか関係を持つことができない。「窓のないモナド」「閉じたモナド」と規定される所以である。しかし、次のように位置づけることもできる。「モナドが他のすべてのモナド、あるいは宇宙を映す宇宙の生きた鏡である以上、いまさら何かが出入りして、モナドに影響を与える必要もなければ、ありえもしないのである。だから窓はいらない、あるいはないというより、モナドがある視点からの宇宙の眺望であるといわれるとき、モナド自身が開かれた窓そのものであるといえよう」という指摘である。[11] 神は、特定の視点にとらわれることなく、すべての面をみわたすことができるのに対して、モナドは視点に制約されている。それでも「それぞれのモナドの異なる観点から見た唯一の宇宙のさまざまな眺望」(第57節)が開示されるだろう。「モナド」は「モナド自身が窓そのもの」なのである。

ところで、上述したが、ライプニッツは、「モナドの自然的変化は内的原理から来て」おり、「変化するものの細部が存在し」、その細部には「いろいろな変化する状態や関係が必ず存在している」(第13節)、そしてこの「変化」、すなわち「単純実体において、多を含み、かつ多を表現している推移的状態が、いわゆる表象にほかならない」(第14節)と述べていた。

全宇宙を映す宇宙の生きた鏡であるモナドの、この「表象」を考える際に重要なのは、第一章でも強調したが、「表象は意識された表象つまり意識とは区別されねばならない」（第14節）という点である。それは、明晰な意識作用のみならず、「渾然とした仕方で表象される宇宙、微小表象において与えられる宇宙」をも照らし出すような、無意識の作用、前意識の作用をも包括するものなのである。それは、すでに言及したように、「意識されない表象など無いものと考えた」デカルト派への批判であった。(12)

モナドの「表象」にかんするライプニッツの議論をタルドは基本的に引き継いでいるとみることができる。しかしながら、それにとどまらずに、独自の展開を試みているのではないか。少なくともあるひとつの点で、ライプニッツの「モナド」論の修正を図っているのではないだろうか。

その着想はタルドの次の文に示されている。「ライプニッツは、『閉じたモナド』という自分の考えを補足するために、それぞれのモナドを薄暗い部屋であると見なし、その室内には他のモナドたちから成り立つ宇宙が縮小されたかたちで、特殊な角度から描かれていると考えた。さらに、ライプニッツは『予定調和』というものを思い描かなければならなかった」（Tarde, 1895=2008, 160）。しかし、「世界の様々な要素が、それぞれ独立に、自律した状態で、別々に生まれると仮定した」とき、「予定調和」という思想では、「さまざまな現象のあいだの普遍的一致という問題が、まったく不十分な説明しか与えられないまま放置されている」（Tarde,

1895=2008, 159）というのである。

独立した諸要素つまりモナドのあいだの関係のなかに、なぜ無秩序ではなく秩序が生じるのか。「予定調和」という媒介を退けたとき、なぜ無秩序ではなく秩序が生じるのか、それをいかに説明できるのか。

この根本的な問いに対して、タルドは、「モナドたちが互いに隔たっていると考えるかわりに、モナドたちが互いに開かれており、浸透しあっていると考えることができないだろうか？　私はそう期待してよいと信じる。そして私のみるかぎり、科学の進歩は、新たなモナド論の誕生を祝している」（Tarde, 1895=2008, 161）と述べるのである。ここで、モナドが「閉じたモナド」か、あるいは「開いたモナド」か、といった「モナド」を形容する語彙の違いが問題とされているのではない。「モナド自身が窓そのもの」であることをタルドも十分に認識していたはずだからである。しかし、その上で、タルドが「開かれたモナド」という概念を提起するのは、モナドたちが相互に「浸透しあう」作用のなかにあることを強調するからにほかならない。

「浸透しあう」作用とはなにか。端的に言えば、モナドがたんに表象作用をおこなうという点にとどまらずに、モナド自身の表象作用を通じて他のモナドを「支配する」こと、あるいは他のモナドから「支配される」ことを意味する。そのことをタルドは「原子は、ライプニッツが望んだようなひとつのミクロコスモスであるというだけでなく、唯一の存在によって征服され吸収されるような宇宙全体なのである」（Tarde, 1895=2008, 161）と表現する。

ライプニッツのモナド論の大胆な改変である。神の介在を経由しない、モナド相互の干渉の関係から生まれる「対立」や「調和」あるいは「秩序化」のプロセス。このプロセスに眼を向け、そのメカニズムを解き明かすためのキーワードが「所有」そして「模倣」という概念である。「存在することは、所有することである」（Tarde, 1895=2008, 218）とタルドは指摘する。すでに述べたように、彼は、原子や分子の活動に「信じること」や「欲すること」の「力能」を認めていた。それを、彼は、「観念とは、感覚やイメージと結びついた内的な量の痕跡にたいして、力としての信念 force-croyance を割り当てたもの」であり、「意図とは、そうした原観念のひとつにたいして、力としての欲望 force-désir を割り当てたもの」と規定する。こうした「力としての信念」と「力としての欲望」を通じて、他のモナドを「征服」し、「所有」すること（Tarde, 1895=2008, 224）、つまり他のモナドに対する「野望」（224）をあらわにする「能動的な力」を「モナド」は発揮する。これがタルドの主張である。

たしかに「モナドたちが裸でむきだしのまま把握する様子を眺めるためには、社会界にまで到達しなければならない。そこでモナドたちは、親密に結ばれながら、あるモナドは別のモナドの前で、あるモナドは別のモナドの中で、あるモナドは別のモナドによって、その移ろいやすい特徴をぞんぶんに発達させる。……説得、愛と憎しみ、個人の威信、信念と意志からなる共同体、契約の相互的連鎖といったものは、たえず広がっていく緊密なネットワークである。そのネットワークによって、さまざまな社会的要素は無数の仕方で結び合い、引き寄せあう」

（Tarde, 1895=2008, 210）。

しかし、社会におけるモナドたる諸個人の関係と同じような現象は、生物要素から生物要素への、原子から原子への作用においても生まれ、有機体と生命にかんする驚くべき現象はそこから生じる。互いに引き寄せあい、あるいは反発しあい、支配し支配されるような、多様でダイナミックな関係、そこに神が不在となった世界の有り様が示されるのだ。

「天体が互いに所有しあう強度は、それらの距離の自乗に反比例して大きくなったり小さくなったりする。……思考は、深い睡眠から完全な覚醒状態までの広い段階で活動する」ように、所有の形態は多様に変化し、所有の程度も限りなく多様に変化する（Tarde, 1985=2008, 209）。この多様に変化する要素間の相互干渉の関係を「適応」や「一致」という用語で把握することは誤りである（Tarde, 1895=2008, 208）。なぜなら、「あらゆる存在が望んでいるのは、外的存在に自己を適応させることではなくて、外的存在を所有する（se les approprier）こと」だからであり、「ある事物の所有物（propriétés）としてしか、つまり他の存在の所有物としてしか」、「存在」は認識されないからである（Tarde, 1895=2008, 203）。

タルドの「所有」概念の独自性と重要性をいち早く指摘したのがドゥルーズである。彼によれば、「存在の要素」を「所有の要素」でおきかえるタルドの重要性は、「所有の種、度合、関係、可変要素に分析をむけ、そこから〈存在〉の観念の内容と展開を引き出す」ことによって、「存在という動詞の優位性を糾弾した」（Deleuze, 1980=1994, 188）ことにある。すなわち、存在の「属性」にかえて、「持つという新しい領域」を導き入れることによって、「モナドの間でたえまなく修正される動く関係」、「それぞれをそれぞれに対して考慮する」関係の水準で〈存在〉を捉えることを可能にしたからである。他の何かではなく、ある何かを、どの程度、どのように「所有する」か、という側面から〈存在〉を考慮するなら、そこには不安定性と時間性そして逆転（所有する／所有される）や転倒の契機が差し込まれるだろう。つまり、存在を考えるにあたって、時間性すなわち変化を導入する決定的な契機として「所有」が扱われたことをドゥルーズは重要視するのである。この点で、「自己の真の反対物は、非自己ではなく、自己に属するものである。存在つまり持つものの真の反対物とは、非在ではなく、持たれるものである」（Deleuze, 1980=1994, 188）と指摘したタルドは、属性という安定した要素から、所有という可変的な要素において存在を把握することへの変化の重要性を十分に把握し理解していたというのである。

さらに続けて、ドゥルーズは、この所有と所属が決定的に支配にかかわることを強調する。「持つことの領域をみたすのは、従属、支配、所有化の現象であって、この領域は常にある力能の下にある」（Tarde, 1980=1994, 181）。きわめて高い力能をもつ支配的モナドは、それに従属するモナドを「支配」し「所有」するのだ。(13)

しかし、支配と非支配の関係は不動の関係ではない。支配的なモナドがその力能を失うか、あるいは他のモナドが圧倒的な力能をもって支配的な地位を獲得し、これまでの支配関係を転倒する場合がある。この逆転を、ドゥルーズは「所属を引っ繰り返してしまう異分子とは、動物的なものであり、何よりもまず、私の身体の流動的部分と不可分の小さな動物たちなのである」と述べる（Deleuze, 1988=1998, 187）。

いま述べた、「所有」と「支配」の関係を想像することはさほど難しいことではない。たとえば、タルドは、この関係の原型とでも言える日常のありさまを、さりげなく、美しい文章で、こう述べている。「生物の世界では、……要素が要素を感じ取っている。花を育てる若い娘が、どれほど立派なダイヤモンドでさえ吹き込めないほどの優しさをもって、その花を愛するように」と。花のモナドの能動的な力の強度によって娘が所有され支配される関係、それは、繰り返すが、けっして比喩ではなく、擬人法でもない。花はまさしく娘を所有したのであり、支配したのである。あるモナドの魅力に魅惑されてしまうこと、あるモナドの思想に取り付かれてしまうこと、これら一切の関係に「支配」と「所有」の度合や程度が折り重なった「動く」関係が発見されるのだ。

私たちは、ここで、ようやく、タルドの「模倣論」を検討できる地点に到ったように思われる。だが、その前に、いまひとつ、モナドの性格についてどうしても指摘しておかねばならない。それは、モナドは唯一無二の存在であるという規定である。

唯一無二の存在としてのモナド

唯一無二の存在としてのモナド、というタルドの規定はライプニッツのモナド論を正確に継承したものといえる。ライプニッツは「モナド論」の第9節で「どのモナドも他のすべてのモナドと異なっているのでなくてはならない。自然の中では、二つの存在者がお互いにまったく同じようであって、内的な差異すなわち内的規定に基づく差異がない、ということは決してないからである」と述べる。山内志朗は、この「区別不可能＝同一の原理」、つまり「存在するものはすべて差異を有する」というライプニッツの主張を以下のように説明する。

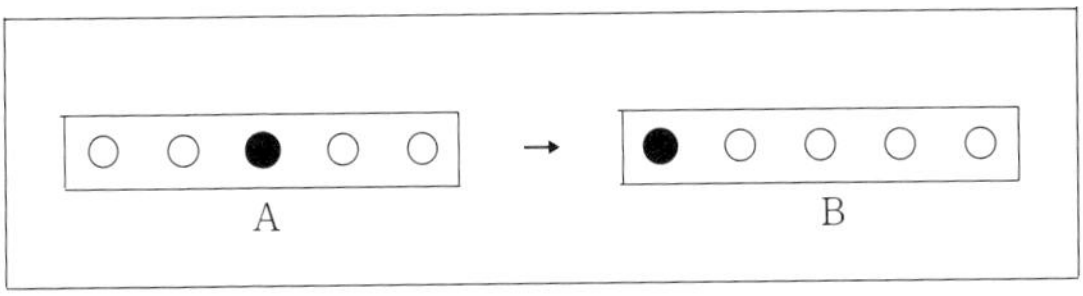

山内志朗『ライプニッツ』（ＮＨＫ出版、2003）

図1　モナドの外的規定と内的規定

　内的規定とは事物が備えている内的な性格である。外的規定とは、それがどこにあるのか、いつ存在するのか、こういった空間・時間の規定を指している。つまり「右手の木の葉と左手の木の葉がいかに似ていても、場所が異なるだけで、それ以外の点はすべて同じである木の葉は存在しない」ということだ。それに加えて重要なのは、「位置だけが違っていて、残りは同じということがありえないということは、位置が違えば、位置以外のところも違うということになる」（山内 2002, 49）という指摘である。すなわち、「場所が変化すれば、内的性質も変化する」ということだ。それはどういうことなのだろうか。

　山内はそれを図1に示した黒点と白点との位置の移動から説明する。つまり、同じ黒点であっても、その位置が移動すれば、黒点において内的規定が変化する、ということをライプニッツは指摘していたのだ、という。そこには「実在的変化」がある。

一般に、われわれは、位置が変化しただけで、黒点に変化など生じない（もちろん、ここで物理的・化学的変化が問題とされているわけではない。モナドはつねに観念的な作用の位相で考えられている）と考えるだろう。しかし、ライプニッツはそのようには考えない。外的規定が内的規定にも影響を与えると考えるのである。

それはなぜか。いま一度、モナドが、明晰に意識されたものであれ、渾然とした認識であれ、全宇宙を映す宇宙の生きた鏡であったことを思い起こそう。そうであるならば、モナドの位置が変化すれば、そこに表象されるものは明らかに変化するだろう。たとえば、「私」が「あなた」の正面に坐ったときと、「あなた」の右に坐ったときとを比較して考えてみよう。そのとき、「私」というモナドの内的規定は変化しないだろうか。あるいは、昨晩「あなた」に会ったときの「私」と、昨晩「あなた」に会えなかったときの「私」を想像してみたとき、そこに内的変化はないのか。あるいは、昨晩「あなた」に会ったときの「私」のモナドと、「あなた」に会ったことを記憶している今の「私」との間で、内的規定は変化していないのだろうか。あるいは「能動的な力」をもつ要素A、B、Cを設定し、AとBの位置がAとCの距離より短い場合と、Aが移動し、BよりCとの距離が短くなった場合を想定したとき、それぞれの内的規定は変化しないだろうか。ライプニッツはいずれの場合でも、そこに内的規定の変化、「実在的変化」が生まれるというのである。それはモナドが表象という作用を通じて変化する実体であるからである。「ライプニッツにとって、場所、時間といった規定は、内的規定に基礎を有している」（山内 2002, 58）のである。

確認しておこう。場所と時間だけが異なって、その内的規定がまったく同一の二つのモナドは存在しない。どれほど類似していようと、異なる空間を占める別の二つのモナドは存在しない。表象される全宇宙の姿はふたつのモナドで異なるからである。同様に、同一のモナドであっても、時間と場所が異なれば、そのモナドの内的規定は変化する。場所と時間が異なれば、同一のモナドであってもそこに差異が生まれるということだ。

言い換えれば、モナドとは、つねに変化し、生成することで、存在を維持する存在、生成変化することで自己の同一性を維持する存在であるということだ。

タルドは、このことを、「存在すること、それは差異化することである。実をいえば、差異とは、ある意味では事物の実体的側面であり、事物にそなわる固有のものでありながら共通のものなのである」（Tarde, 1895=2007, 184）と述べる。時間と空間を超えて同一であるように見える一つの事物、しかしそれも同一ではない。「同一性とは、たんに差異がもっとも小さいことを指しているにすぎないからであり、いいかえれば、同一性は差異の一種、しかもかぎりなく珍しい一種にすぎないからである」（Tarde, 1895=2007, 184）。タルドはライプニッツと同じ立場にいるようだ。

しかし、前述したように、ライプニッツとは異なる論理を展開する。モナドとモナドとの間の関係に「所有」という概念を適用するからである。

モナドが別のモナドによって「所有」されたとき、そこにはある種の「集合性」が生まれるだろう。先の例で言えば、花の「能動的な力」が一人の娘だけでなく、数多くの娘を「所有」する事態を想像してみよう。しかし、それだけではない。「集合性」あるいは「統合性」が生まれるにしても、モナド自身の固有かつ根本的な実体に由来する別の傾向があり、自身がその一部をなしている集合的傾向に抵抗して戦うからである（Tarde, 1895=2007, 194）。繰り返し強調することになるが、「統一性」「同一性」「集合性」は「かりそめ」の「表層的実在」（Tarde, 1895=2007, 195）にすぎない。「統一体」とみえるものの内部には、「統一体」自身を一瞬、一瞬ごとに変容させ、差異化するモナドの「能動的な力」がつねに溢れている。「差異の氾濫があらゆる障壁を取り壊し、その破片から、さらに上位の多様性を生むための道具がつくられる」（Tarde, 1895=2007, 194）のである。

「所有すること、所有されること」そして「支配し、支配されること」、ライプニッツが想定した「予定調和」、それが崩れ去った後のモナドとモナドとの間の、この動的関係を描き出すべくタルドが周到に準備した概念こそ、「模倣」という概念であるはずである。

三　模倣の概念

あらゆる科学は自己の対象領域にみられる普遍的な「類似と反復」の法則を明らかにすることを目指している。化学・物理学・天文学においては「物理的反復」ないし「振動的反復」、生物学においては「有機的反復」ないし「遺伝的反復」、そして社会学においては「社会的反復」あるいは「模倣的反復」である（Tarde, 1890=2007, 35）。科学が科学として成立する際の認識とは、異なる領域を対象にしているとはいえ、それぞれの対象領域に共通して現象する「反復」の様態を探求することにある。その意味では、社会的反復つまり模倣を対象とする社会学も物理学や生物学と異なるわけではない。これがタルドの基本的な認識である。

では、具体的に、科学的営為はいかなる認識のプロセスを辿るのか。それは、「おおざっぱな類似と反復から、精細な類似と反復……無数の微細な類似と反復への移行」（Tarde, 1898=2008, 15）においてである。たとえば、生物界において、昔であれば、花や葉の表面的な類似性によって類縁関係のない植物が同一視されるようなこともあった。しかし、こうした認識は、「もっと隠された特徴、つまり植物の生殖器官から引き出された特徴」が発見されることによって置き換えられる。さらに、この認識も、細胞理論が「動物においても植物においても、はてしなく反復される要素は細胞であり、生命現象は各細胞の無限に反復される運動・成長・分裂」によることを明らかにしたことによって、乗り越えられていく。このように、「大局的な類似性が細部の類似性へと分解」され、「大局的な差異が無限に小さな差異へと変形される」（Tarde, 1898=2008, 18）こと、ここに科学の営みと前進がある。これこそ、前述した、微視社会学の視点である。

ただし、科学的認識にとって、「保存的再生産」を意味する「反復」を捉えるだけでは十分ではない。「反復」というプロセスないし現象において「固有の対立」を探し求め、見つけなければならない。さらに、「反復」と「対立」だけが科学のすべてではないし、本質的なものでもない。「科学はなによりも、諸現象の順応、すなわち諸現象の真に創造的な共同生産について研究しなければならない」（Tarde, 1898=2008, 11）のだ。あらゆる現象に見られるこの三つの側面「反復」「対立」「順応」を把握することは、化学・物理学・天文学、生物学、そして社会的世界を対象とする社会学、そのいずれの科学においても共通した目標である。以下では、社会的世界に焦点化して、「反復」「対立」「順応」の特徴を検討しよう。

社会的模倣と強度

模倣とは「ある精神から別の精神にたいする距離を隔てた作用という意味と、ある脳内におけるネガを別の脳内における感光銀版によって写真のように複製する作用という意味」（Tarde, 1890=2007, 12）を内包する。空間的、そして時間的な距離を隔てた複数の精神間で継続的に起きる作用、すなわち脳の精神活動が別の脳に複製される作用、これが模倣にほかならない。

ところで、一般的な用語法から言えば、「模倣する」という場合、それは意識的な選択を意味することが多い。しかし、タルドは、模倣が、意識的になされるものであれ、無意識的におこなわれるものであれ、この両者の間にほとんど差異はないことに留意するよう促している。模倣は、「それは意図されたものであるかないか、あるいは受動的なものであるか能動的なものであるかにかかわらず、精神間で生じる写真撮影のこと」(Tarde, 1890=2007, 12)だ。ある人がよく理解し熟慮したうえで他者から何らかの思考や行為の仕方を取り入れる場合と、逆に「無意識のうちに、抵抗を感じないまま他者の意見から影響を受けることや、他者の行為から暗示を受ける」場合とを比較すれば、その両者にあるのはほんのわずかな差しかない。両者はともに同じ模倣現象なのである。模倣を捉えるこの視点には、モナドとモナドの間の関係を「所有」という視点から把握するタルドのモナド論が明確に引き継がれている。この点がまず理解できるだろう。

一つの脳による他者の脳の一方的な模倣、二つの脳の相互的な模倣、二つの脳による第三者の模倣など、さまざまな模倣の形態がありうる。そこで脳の精神活動が別の脳に複製されるという場合、では何が伝播され、複製されるのか。タルドによれば、それは、「精神的傾向のエネルギー」ないし「心理的渇望のエネルギー」とタルドが呼ぶ「欲求(désir)」、そして「知的把握のエネルギー」「心理的収縮のエネルギー」と規定された「信念(croyance)」である。これもすでにモナド論で検討した概念である。この二つのエネルギーはともに、分岐したり、散乱したり、集中したりしながら、連続した流れとして現出し「強度」を伴っている。ちなみに、この欲求と信念がエネルギーであることにおいて、強弱の変化をもつ量として把握できるので

あり、社会統計学が存立しうる根拠もこの点にある、とタルドは指摘する。(14)

それでは、欲求と信念が複数の精神の間に伝播し模倣されるという場合、そこにいかなる現象が生まれるのか。第一は「きわめて特殊な種類の反復」(Tarde, 1890=2007, 52)にほかならない「対立」であり、第二は「対立」の後に続く「順応」である。

闘争的対立と律動的対立

「あらゆる真の対立は二つの力、二つの傾向、二つの方向のあいだの関係を含んでいる」(Tarde, 1898=2008, 53)。とはいえ、二つの力が生み出す対立は三つの種類に分けられるという。まず「同質的様態」と「異質的様態」、言い換えれば「程度の対立」と「系列の対立」がある。

前者は、株式相場における株式価格の上下が示す企業の業績や支払い能力に対する人びとの信用や欲求の変化にみられるような、欲求や信念の強弱の度合いの差(その意味での対立)を示している。ここには、増加と減少、成長と衰退、上昇と下降がみられる。後者は、例えるなら、他者に対する友情が愛情に変化するときの人びとの欲求と信念の変化にみられる質的変化を示している。友情から愛情へ、愛情から友情へ、といった具合に、この変化は可逆的であることが想定される対立である。

これに対して、さらに重要な第三の対立が「記号の対立」である。たとえば、タルドが提示する事例でいえば、「程度の対立」である「政治的な観念にたいする肯定的な感情が増大した後に減少すること」と、「同じ観念を肯定した後に否定すること」とは、まったく異なる対立である。同じ観念に対する肯定と否定、これが「記号の対立」である。

さらに、程度の対立、系列の対立、記号の対立という三つの対立現象を考える際には、もうひとつの側面を見る必要がある。それは、対立する諸要素が連続的に変化するケースと、対立する諸要素が変化せず、対立が固定した形で維持されるケース、この二つの形態である。前者は「交代とリズム」が継続する「律動的対立」であり、後者は「衝撃と闘争そして均衡」の状態が維持される、つまり「闘争的対立」である。

簡単なモデルを図示した表を見ておこう。仮にAとBという人物がいることを想定しよう。企業の株式の購入意欲が強いA、それに対して意欲が弱いB、この状況が同時的に生まれている場合がA－1である。Aが愛情を抱き、Bが友情の感情を、この状況が同時的に生まれているケースがA－2である。ある政党を支持する意見をAがもち、拒否する意見をBがもつ、この状況が同時的に生まれているケースがA－3である。こうした意見や態度や感情を相互に伝播し反復しても変化が生じない場合、そこには深刻な闘争や均衡が生まれるだろう。

これに対して、対立する諸要素が交代し連続的に変化する場合はどうだろう。表のB－1、B－2、B－3、のケースがこれに当たる。たとえば、AとBとCの間で、相互に対立する諸要素が連続的に変化すれば、強―弱―強、強―強―強、強―強―弱、強―弱―弱、弱―弱―強、弱―強―弱、弱―強―強、弱―弱―弱となる八つの典型的なケースを極にして、強度の差異を

表１　対立の様態（二つの存在の間における対立のケース）

<table>
<tr><th>時間性
対立の様態</th><th>闘争的対立
（継続性）</th><th>律動的対立
（連続的変化）</th><th>順　応</th></tr>
<tr><td>程度の対立</td><td>A-1
↔A←→B↔
強　弱
↓　↓
強　弱</td><td>B-1
↔A←→B↔
強　弱
↓　↓
弱　強
↓　↓
強　弱</td><td>C-1
↔A←→B↔
弱　弱
⇒
強　強</td></tr>
<tr><td>系列の対立</td><td>A-2
↔A←→B↔
愛　友情
↓　↓
愛　友情</td><td>B-2
↔A←→B↔
愛　友情
↓　↓
友情　愛
↓　↓
愛　友情</td><td>C-2
↔A←→B↔
愛　愛
⇒
友情　友情</td></tr>
<tr><td>記号の対立</td><td>A-3
↔A←→B↔
支持　反発
↓　↓
支持　反発</td><td>B-3
↔A←→B↔
支持　反発
↓　↓
反発　支持
↓　↓
支持　反発</td><td>C-3
↔A←→B↔
支持　支持
⇒
反発　反発</td></tr>
</table>

※二つの存在の間では闘争的対立も、律動的対立も、双方が存在する。
※一つの存在の内部では記号の対立の様態において闘争的対立は存在しない。

もつ無数のケースが生成する。強度がつねに不断に変化し続ける状態の生成である。このようにみると、A－1、A－2、A－3、のような対立する要素が継続的に変化することなく出現する「闘争的対立」とは、対立が流動化し、変化し続ける「律動的対立」が停止し、対立がそのまま維持される場合であると考えることもできる。つまり、「闘争的対立」とみえる現象の基盤には不断に変化する「律動的対立」が隠されているとみなすこともできる。

「諸力が交互に往復する」プロセスを辿る「律動的対立」は、「二つの力が遭遇したり衝突したり、あるいは均衡したりする闘争的対立よりも、いっそう理解しにくい」現象である。とはいえ、この不規則に動き回る諸力の働きは、タルドによれば、「正確な反復がおこなわれるための条件そのものであり、また、反復によってヴァリエーションが生まれるための条件」（Tarde, 1898=2008, 80）ともなる。すでに指摘したように、ある状態が均衡状態にある場合でも、その内部に微細な差異が存在することをタルドは指摘していたが、「律動的対立」とはこうしたつねに生成変化する諸力の状態そのものといえるかもしれない。それに対して「闘争的対立」は「創意」あるいは「創造的干渉」とほとんど不可分の関係にあるとタルドは指摘する。「われわれのなかに創意が自然に生まれるとしたら、それは外部のさまざまな敵からの影響や反対の傾向がわれわれわれの精神のなかで均衡したり、互いに打ち消しあうことに由来している」（Tarde, 1898=2008, 79）からである。

では、いま述べてきた「対立」のなかから、上述の「創造的干渉」や「創意」はいかなるかたちで生まれるのだろうか。「対立」はいかに収斂するのか。結論を先取りしていえば、タルドの見るところ、「あらゆる闘争状態は、一方の決定的勝利あるいは相互の平和協定を望み、最後にはそこに到達する」のだという。疑惑や不安、葛藤、対立による絶望は、あくまで一時的なものである。それがタルドの結論である。その結論の当否はさておき、問われるべきは、対立が生じた後に生まれるプロセスである。

順応

順応つまり調和ないし一致のプロセスをタルドはひとまず「論理的法則」のレベルと「超論理的影響」のレベルという二つの水準から整理する。さらに、「論理的法則」のなかに「論理的対決」と「論理的結合」という二つの基本原理がある。

「論理的対決」とは、どちらが正しいか、どちらが優れているか、どちらが適しているかに関してある種の決着や帰結あるいは終結が得られることによって模倣の現象が波及的に拡大していく過程を示している。たとえば、ある科学者によって新たな発見や仮説がなされた場合、それは既存の知見や仮説を反駁するものであり、両者の間には対立が生ずる。しかし、新たな仮説の妥当性が検証されるとき、この観念は模倣され反復され多くの人たちに共有され拡大していく。ある発見が正しい、誤っている、とする信念の対立は合理的な根拠によって解消するだろう。

タルド自身が挙げる別の事例でも説明しておこう。「社会的事実に含まれ、お互いに協働しあったり対立しあったりしている欲望」が対立する場合である。Aが政治家になることを志している。それは「議会制度ならびに普通選挙」という「思想の発明」がAを「所有」したこと、つまり模倣によるものである。Bはそれに反対する。Aの欲求は「政治家になる」という意図によって表明され、その意図は「肯定的形式」（……を欲する）あるいは「否定的形式」（……を欲さない）による「仮判断」で示される。そこには期待や不安が伴うが、「期待と不安の違いは欲求の対象を実現することにたいする信念の大小」にほかならない。Aは自身の欲望が実現できる期待を大にしているわけである。BはAの才能や資質に疑問を呈してか、あるいはAの才能を評価しつつも別の人物が政治家としてよりよいと信じてか、Aの希望を否定する。AはBの説得で立候補を断念するかもしれない。逆に、Aは自身の意志を曲げず立候補して多くの支持者を獲得する（模倣の拡大）かもしれない（その場合Bは譲歩するだろう）、あるいは敗れるかもしれない（この場合にはAが譲歩するだろう）。いずれにしてもAとBの対立には決着がつく。

繰り返せば、なにが正しく、なにが適合するか、なにが効果的か等々、「論理」が問われ、その対立が終結し、結果が模倣され、拡大する過程が「論理的対決」なのである。

これに対して、「論理的結合」とは「蓄積による進歩」を指している。「論理的対決」が文字通り相反する意見や主張の対立に起因するのに対して、ある主張や発見を補強し強化する主張が積み上げられ、蓄積されるかたちで、反復模倣が生まれる。これが「論理的結合」である。タルドによれば、この「蓄積による進歩」は「論理的対決」にみられる「置き換えによる進歩」よりも先立っている。

「論理的対決」と「論理的結合」という「順応」の形態と対比される「超論理的影響」を次に説明しよう。たとえば、「身振りや物腰が共同生活に慣れ親しんだ人びとのあいだに広がること」である。あるいは、勇気や臆病、軽蔑や不信、嫌悪や羨望などの感情の模倣、さらに「軽信 crédulité」と「盲従 docilité」といった他者の観念に受動的に同意する模倣である。つまり、「論理がまったく入り込むことのない模倣」、これが「超論理的影響」である。

タルドはこのような模倣現象を言語、宗教、衣服や娯楽など、多様な事例を挙げて説明している。ここではそれらを詳細に述べる必要はない。ただ、以下の諸点については強調しておくべきだろう。

第一は、すでに述べたように、「模倣は、意識的でも無意識的でも、反省的でも本能的でも、意図的でも非意図的でもありうるが、それらの区別はあまり重要ではない」(Tarde, 1890=2007, 273) ということだ。タルドが指摘するところによれば、言語表現における訛り、礼儀作法、観念、感情の模倣が無意識的であり、「他者の意志の模倣」も非意図的であることは明らかであり、こうした非意図的・無意識的な模倣はけっして意図的・意識的な模倣にはならない。しかし、反対に、意図的・意識的な模倣はしだいに非意図的・無意識的な模倣になっていく。一般に「慣習」といわれるものである。

第二は、「超論理的影響」において、情動、感情、確信、そして意欲が、決定的に重要な位置を占めることである。「意欲」は「精神状態のうちでもっとも伝染しやすいもの」(Tarde, 1890=2007, 280) であり、「感情」とは「習慣化した判断と欲求であり、反復によってきわめて迅速かつ無意識になった判断と欲求である」。

第三は、「超論理的影響」においては、「内から外への模倣」という経路を辿ることである。「内」とは「表象される内容」つまり思想や目的である。「外」とは思想や目的の表現であり、手段である。「模倣は内部から外部へと進行する」という法則をもつ。タルドによれば、それは「普遍的反復」の法則つまり普遍的な作用はつねに内から外に向かうという法則に合致している。たとえば、初期のキリスト教徒が、それまでの宗教から改心し、内的に深い信仰心をもち、誠実に帰依していたにもかかわらず、服装や髪型という点では異教徒のような生活をしていたことに示されている。言い換えれば、社会における模倣はつねに脳における模倣（葛藤と対立を孕む模倣過程）からはじまる、というタルドの基本的視点がここでも表明される。

「超論理的影響」の特性をみてきたが、その上で考えてみる必要があるのは、その場合の影響が、ある対象Aからは受け、別の対象Bからは受けない、という差異はどこから生まれるのかという問題だろう。タルドはそれを「優等性」という概念から考える。

まず「論理的法則」にしたがう場合には、「優越者の威信が部分的かあるいは全体的に中和される」ことはありえない。その者が階級的に下の者であったにしても、あるいは差別された人種や国家の出身であったにしても、「相対的に真実であり有用であるような新しい観念」を抱く優越者の思想は、暴力等によらない限り、「最終的に多くの大衆に広がっていく」だろう（Tarde, 1890=2007, 299）。

では「論理的法則」がまったく作用していない場合にはどうだろう。優越者がつねに劣等者によって模倣されるわけでないし、時には劣等者が優越者に模倣されることもある。上流階級のファッションがつねに下層の者たちに模倣されるわけではなく、時には労働者階級のファッションが上位の階級に模倣されることもある。こうしたことをタルドは念頭に置いている。しかし、彼によれば、「上から下へのモデルの放射こそは、われわれが考察しなければならない唯一の事実である」と指摘する。

では、ここで言及される「上」と「下」を区別する社会的優越性とは何か。「それぞれの時代や国において、ある人物を優勢にする特質とは、すでに実現された一連の発見を彼が理解し、一連の発明を彼が活用することを可能にする特質」であり、「発明や発見を有利に活用できるような外的状況や内的特性から成り立っている」。この定式化からすれば、たしかに「富と権力という二つの観念が社会的優等性の観念と結びついている」ことは確かである。富と権力があれば発明や発見を有利に活用できるだろうからである。しかし、その原因をより微小なものにまで遡るなら、「周囲の者たちが彼らを賞賛し、羨望し、模倣する」ようになるのは、その人物の特性について人びとが理解する優等性にほかならない。それは、「身体的な強さ」かもしれない。あるいは「勇猛さ」、「雄弁さ」、「芸術的な想像力」、「産業上の創意」、「科学における才能」かもしれない。富と権力はその結果にすぎないのだ。

すなわち、優等性とは、それぞれの時代に特有の、そしてその社会に特有の「社会的財」の系列のヒエラルキー、言い換えれば人びとが意識的であれ無意識的であれ、なにが価値をもつのか、人びとが認めるものに左右されるのだ。したがって、政治的社会的に優位にある階級がつねに模倣のモデルとなるとはいえないというのだ。

慣習の時代と流行の時代

「論理的対決」と「超論理的影響」という順応にかかわる二つの形態を考察してきた。最後に指摘すべきは、この順応のあとに、またふたたび反復と対立そして順応が生起することを忘れてはならないという点だろう。ある発明や発見が既存の観念を揺さぶりイノベーションを生起させ、それが波状的に次々に模倣される。それが定着し反復されるプロセスは「慣習の模倣」と言われるだろう。しかし、イノベーション自身が既存の観念へと沈殿するプロセスはその内部に微細なリズミカルな律動的対立をつねに孕むプロセスであり、複数の模倣的放射がひとりの人間の頭脳のなかで出会い、結びつくことによって、無数のささやかなアイデアや発明が生まれ（Tarde, 1898=2008, 40）、次の新たなイノベーションが生み出されていく。

タルドが繰り返し強調するように、「社会の類似性が広さと深さを増したとしても、それと引き替えに社会の差異的側面が減少するわけではない」（Tarde, 1898=2008, 31）。ある集合的な均質性が成立しているように見えるとしても、それはあくまで内部にさまざまな差異を孕んだ動的な反復の表層にすぎない。差異と反復、それは相容れない対立概念ではなく、差異の〈ために〉あるのが反復なのだ。

社会的反復である模倣は、その内側に対立と順応という二つの経路を辿りながらつねにある差異を産出し進展する。誤解を恐れずにいえば、この対立と順応というプロセスを内包する反復＝模倣を、タルドは、ライプニッツが述べた「予定調和」に替るものとして、神なき時代における社会の内的秩序化の原理として構想するのである。(15)

四　タルドの現代性

タルドのコミュニケーション論

タルドの「公衆」概念ならびにコミュニケーション論を捉え直すために、彼の「モナド論」そして「模倣論」を内在的に考察してきた。この検討を経たいま、私たちは、タルドのコミュニケーション論をあらたな視座から記述することができるのではないだろうか。

第一は、広義の意味で、コミュニケーションとは、複数のモナドの「魂」の間の相互干渉、信念と欲求の流れとして捉えられている。言い換えれば、コミュニケーションによって伝えられるのは、意味、そして意欲そして信念でもある。その場合、すでに見たように、意欲と信念の交換たる「魂」と「魂」の交流は、無機物から植物そして動物に至るすべての存在の無限小の実体であるモナド間の交流をも含むのであり、人間と人間との関係に限定されない。宇宙の、あらゆる物質との交流を意味している。

すでに第一章で言及したように、ホフマンスタールが述べる、ありふれた日常のなかの存在でありながら「あの謎めいた、言葉にならない無限の恍惚感をよびおこしうるなにか」、これこそあらゆるものの微細な微視的レベルに存在するモナドの「魂」と「魂」との間の信念と欲求の流れにほかならない。こうした感受性の動きのなかにタルドはコミュニケーションという事態の「根」ないし「基盤」を捉えるのだ。そのことはコミュニケーションという事態を考えるために幾重にも銘記しておいてよいことがらだろう。しかも繰り返し強調することになるが、「言葉にならない無限の恍惚感」というホフマンスタールの表現が象徴的に指し示すように、この信念と欲求の流れを「意識されたもの」に限定して考えてはならない。

すでに述べたように、「単純実体において、多を含み、かつ多を表現している推移状態」である「表象」は「意識された表象つまり意識」とは区別されねばならない。明晰に意識されたレベルから渾然とした状態にある「微小表象」のレベルまで、信念と欲求の流れのなかで、つねに変化する状態にあるのがモナドである。ドゥルーズは、この動態を「世界を微粒子状にする役割」と「微粒子を精神化する役割」であると表現する。その上で「問題は、いかにして小さな知覚から意識的な知覚に、分子状の知覚からモル状の知覚へ移っていくのかということにつきる」と指摘する。ある統一化に対して逸脱し、散逸していくもの、変化の中にあって同定しえない動きである「分子的なもの」と「統一化され同一化されるモル的集合」との間の敷居、この敷居を超える波動の微細な動きにこそコミュニケーションという事態が成立する。タルド

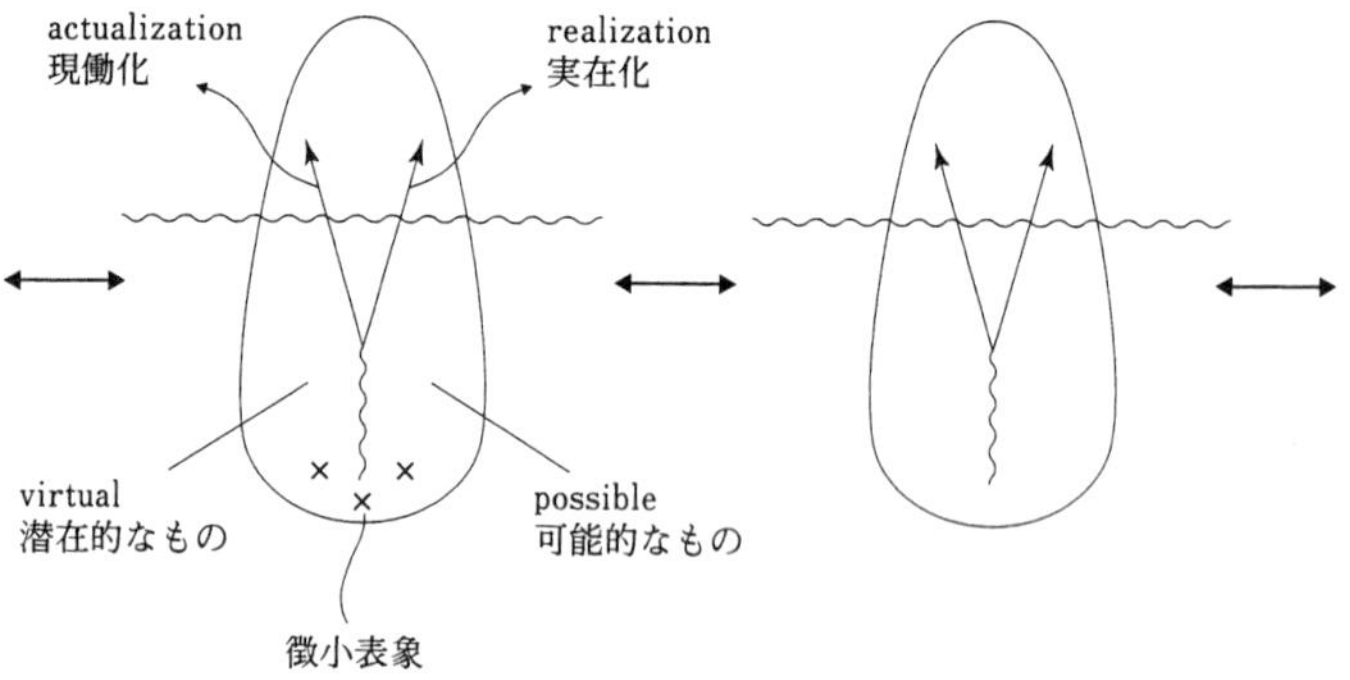

図2　モナド間の相互作用

が述べた「暗示」や「催眠」といった概念を、非科学的な概念として単純に退けるのではなく、「分子的なもの」と「モル的集合」との間の波動の動態を明示化するために考案された概念装置として積極的に読み取らねばならないのだろう。色や香りあるいはある人物の好悪や印象といった、それぞれの対象の性質を見分けることはできるが、その基準をことばによって明確に表現することのできないコミュニケーションの様態の広がり。この広がりのなかで作用し作動する「世界を微粒子状にする役割」と「微粒子を精神化する役割」というモナドの力能を正当に位置づけるべきなのだ[16]。

ドゥルーズにならってこの事態を概念化すれば図2のように示すことができる。「微小表象」ないし「小さな知覚」は、「それぞれの秩序において、微分的な関係に入る知覚が選択され、当の意識の仕切りに出現する質を生み出す」回路をもっている。「潜在性」のレベルにある渾然とした状態にある「微小表象」は、特定の身体において「実在化」され、ある特定の明瞭な知覚として「現働化」される。この「現働化」された欲望や信念は、感情や思想や主張として反復・模倣される。このようなコミュニケーションとそこに定位される主体は、意識、理性、言語といった要素からのみ切り取られた「近代主義」的な主体像とはあきらかに異なっている。

第二は、コミュニケーションが、あくまで流動的な、不規則な、予測もつかない経路を辿る、信念と欲求の流れとして、「差異化する」反復として、把握されていることだ。「模倣」とは、この予測不可能な経路を辿る「差異化する」社会的反復を指している。あまりに自明であるが故に見逃されてしまいかねないが、この点も繰り返し強調されてよい重要な指摘だろう。AからBへ、そしてBからCへ、BからDへ、そしてCからDへ、と続く無限とも思える項を媒介する欲求と信念の「流れ」、現代の用語で言えば「ネットワーク」といわれる網の目状の複雑な回路を構成する「流れ」の過程がタルドにとってのコミュニケーションなのである。

いま、あまりに自明であるが故にこの過程を見逃してきたのではないかと指摘したが、それは次のようなことだ。たとえば、コミュニケーションという事態をイメージするとき、私たちは暗黙にAとBという二つの項の相互作用ないし相互行為を主題化してきたのではないだろうか。発信者と受信者を示すシャノンのコミュニケーションモデル。あるいはメディアとオーディエンスとの間のコミュニケーションをイメージするときも、メディアを介した送り手と受け手という二つの項の関係を問題化してきたのである。しかし、いかなる場合でも、信念と欲求の「流れ」はこの二つの項に閉じられることはなく、これを超えて拡散し波及的に拡がっていく。この当然の事態を実際には軽視してきたのではないか。

しかも重要なのは、この「流れ」がそれを流しはじめた最初のモナドやそれを中継したさまざまなモナドの意図や意志など無関係に増幅し、彼らが制御できない独自の自律性とリアリティを獲得していくということだ。増幅され、ひとつのうねりとなった波は、タルドが述べる「類似」という現象や「熱狂」や「催眠」そして「流行」といった現象を帰結することだろう。それはメディアという広範囲に信念と欲求を伝播する回路が生まれたからこそはじめて起きる現象である。繰り返せば、「それを流しはじめたモナドやそれを中継したさまざまなモナドの意図や意志などとは無関係に、彼らが制御できない独自の自律性とリアリティを獲得していく」プロセス自体を主題化すること、このことがタルドの狙いだったのである。だからこそ、タルドは、『世論と群集』というタイトルで新聞と読者の関係を主題的に取り上げる一方で、新聞が伝える情報が読者間の会話を通じて波及的に拡大していく過程を「世論と会話」という論考のなかで取り上げ分析する必要があった。いわば「世論と群集」と「世論と会話」、この二つの論考は、タルドの視点に立つならば、両者が対となって、新聞が伝える情報が多くの読者の間の口論や「うわさ」や論議の主題として広範囲に伝播し拡散していく過程をトータルに把握するために不可欠なものだったのだ。そして大量の情報が広範囲に拡散する過程が生み出すリアリティを捉えるための装置が「公衆」というタルド独自の概念なのである。[17]

組織化された集合体の内部の理路整然とした「モル的」なコミュニケーションとは対比的に、情報が、素早く、広範囲に、拡散する「分子的な微粒子状」の流れは、ドゥルーズが見通していたように「性、階級、党派」といった実体化された制度と、その内部で交わされるコミュニケーションに特有の「二項対立」、つまり賛成か反対かに収斂するようなスタイルに「修正を加える」可能性や、独自のリアリティ、そして開放性を孕んでいる。[18] とはいえ、それは単純に肯定できる過程ではない。このこともタルドは熟知していた。「まったく精神的なもの」である公衆の行動は、愛情によって生気を与えられることもあれば、時には憎悪によっても生気を与えられる。増幅された憎悪が「分子的な微粒子状」の流れとなって拡大する過程は、他者を、暴力的に、しかも集合的に圧倒的な力をもって排除する可能性さえ孕んでいる。「分子的な微粒子状」の流れは、原初的な「社会性」ないし「社会的共感」を構成する契機である。しかし、それとともに、その背後には排除と暴力という側面が随伴していること、そのアンビバレントな特性にタルドの眼は注がれていたのであり、「公衆」の二面性もその「分子的な微粒子状」の流れによって構造的に帰結されるものなのだ。

「社会とは模倣であり、模倣とは一種の催眠状態である」(Tarde, 1895=2008, 138) とのタルドの有名な指摘は、「社会性」が生成する始原に、こうした信念と欲求の「分子的な微粒子状」の流れによる反復と模倣があることを指示するための言説なのだ。

第三は、タルドが指摘した「対立」の論理の重要性である。「対立」の論理は、実際には、「分子的な微粒子状」の流れが帰結するアンビバレントな特性を解き明かすロジックを提示するものとして読み取ることが可能だろう。

AからBへ、BからCへ、BからDへ、そしてCからDへ、と続く無限とも思える項を媒介するネットワーク上の「流れ」の過程において生ずる対立や葛藤やその収束の様態が「社会法則」のなかで精緻に分析されていた。それはすでに前述した通りである。そこでは、反復と模倣の過程で生じる「対立」を固定的に捉えてはならないことが指摘された。対立する項が相互に変化することなく、継続的に対立が維持される「闘争的対立」といえども、それは反復と模倣の過程において連続的な「律動的対立」が生起するなかで、たまたま偶然に「継続的」に生まれた対立にすぎない。それもまた「差異という異化させるものとしての反復」の一形態であるからである。それが彼の基本的な認識である。

このタルドの認識に立てば、「闘争的対立」と対比して提出された「律動的対立」が内包する重要な意味を見過ごすことはできない。

前述したように、「律動的対立」とは、A、B、C、……の項の間で、相互に対立する諸要素が変化する状態を指している。AとBの二つの項で考えたとしても、強度がつねに不断に変化し続ける「連続的」な状態のなかにあって、強―弱、強―強、弱―弱、弱―強という四つのケースが生成する可能性が考えられる。この四つの極の間には、強と弱との間にある無限の程度＝グラデーションがある。このなかで、強―弱、弱―強、というケースがたまたま偶然に、ある一定の時間的な幅で継続する場合が「闘争的対立」であった。それに対して、強―強、弱―弱、の場合はどうだろうか。しかも項の数が多数で、強―強―強……が（もちろん弱―弱―弱……も）一時的に、そして反復的に生成し、類似の現象が高い強度をもって出現するとしたらどうだろう。模倣の伝播が高い強度をもってある種の統合性や集合性が達成される状態である。さらに、律動的対立の論理にしたがえば、強―強―強……が一瞬の内に弱―弱―弱……に転換することも理解できる。それは、一方から他方へとダイナミックに事態が転換する状態、「闘争的対立」が終焉した（日本の文脈で言えば、「五五年体制」と言われる「左」と「右」のイデオロギー対立が終焉した）現代の、流動化した「律動的対立」が進行する中での「順応」の状態の有様を示している。この点についてもう少し説明しておこう。

現代は、二つの対立する項が「同時的」に、そして比較的長期間にわたって定位される「闘争的対立」が終焉し、「分子的な微粒子状」の流れが、時には無数のモナドの間に強―強―強……の連鎖をつくりだし、時には弱―弱―弱……の連鎖をつくりだす現象を生み出しているように見える。たとえば、些細な出来事や政治家の発言が政党支持にかんする有権者の政治的判断を劇的に変化させる事態、あるいは有名な女優やアイドルのなにげない発言や振る舞いが、一般の人々の好悪の感情を刺激して称賛からバッシングへと劇的に事態が変化するケースなど、これまでとは様相を異にする事態が数多く生起していることを想起しておこう。つまり、強―強―強……のケースであれ、弱―弱―弱……のケースであれ、どちらのケースでもモナド間に高い強度の集合性が形成され、かつその事態が一瞬のうちに反転するような、「律動的な対立」から「順応」へ、「順応」から「律動的な対立」へと向かうダイナミックな過程が生まれているのだ。その基底には、言うまでもなく、情報の多様化、情報伝達の回路の多元化、情報の拡散化がある。タルドの「対立」の論理、とりわけ「律動的対立」の論理は、こうした現代の文化やコミュニケーション様式の変容を解き明かす上で重要な視点を提示していないだろうか。

なぜ、いまタルドなのか

タルドのコミュニケーション論を再評価するために提示した三つの視点は、これまでのコミュニケーション概念を大幅に拡張し改変する内容を孕んでおり、またそのいずれもが現代の社会的なコミュニケーション過程の変容を考察する上で重要な示唆を与える。筆者はそう考えている。その判断の当否は読者に委ねることにし、ここでは最後に、タルドの社会理論をより広い文脈に位置づけることで、彼のアクチュアリティを別の側面から考察しておこう。

それは、タルド、ル・ボン、そしてデュルケームが生きた一九世紀後半の社会と現代の状況の相同性にかかわっている。

ル・ボンが注目したのは、旧来の共同体から離脱し、多くの人々が都市へと移住する変化のなかで、都市空間に居住した人びと相互の身体的接触がきっかけとなり誘発された「群衆心理」

であり、「群衆行動」であった。

こうした行動や社会心理が新しい社会現象として社会学者の目に映った一九世紀後半は、ルーマンにしたがって述べるならば、社会空間を、愛というメディアによって構成されるべき家庭という「私的領域」、貨幣と市場というメディアによって構成されるべき市場の領域、そして権力というメディアに媒介された政党と議会制度からなる「公的領域」という、「私的領域」と「公的領域」という二つの領域に分離することで、社会の基本的な秩序を編成することが試みられた近代社会の形成期であった。この二つの領域の分離を基軸にして、家族、企業、政党、議会といった集団や制度、そしてそれらの制度を担うための役割や価値観を内面化した男女それぞれの主体の編成が進行した時期である。

近代社会を担うべき価値や役割を内面化した個人という価値や理念からみれば、ル・ボンが見た「群衆行動」や「群衆心理」は、「近代」の価値から逸脱する非理性的な行為であり、社会的無秩序をもたらす非合理的な行動として否定的な位置を与えられた。すでに一節で指摘した通りである。実際、よく知られるように、デュルケームも、近代社会の骨格が成立しつつあったこの時期に生まれた「群衆行動」をル・ボンと同様に直視し、これを「アノミー」状況と見なしたのだった。道徳的規範の解体とでも言うべき、この「危機」を乗り越えるべくデュルケームがなにより重視した課題は職業組織による道徳と規範の内面化であった。

ル・ボンやデュルケームの「群衆」に対する評価はさておき、ここで留意すべきは、当時の農村から都市への大量の人口移動という大きな社会変動のなかにあって、近代的な家族や企業にいまだしっかりとは包摂されてはいない、「私的領域」と「公的領域」の秩序にいまだ明確に組み込まれてはいない多くの人々の、都市空間という私的でもあり公的でもある曖昧な境界における経験が「群衆行動」や「群衆心理」と呼ばれる社会現象であったということだ。

タルドが向けた眼差しも同様の事態であったと言うべきだろう。タルドも、「私的領域」たる家族の親密圏でもなく、制度化された社会機構たる「公的領域」でもなく、その双方の境界領域とは異なるいわば「第三の領域」、あるいは「私的領域」と「公的領域」の領域が未分化な「第三の領域」がもつ独自性にこそ社会学的な眼差しをより深く向けた。「私的」とも「公的」とも言えず、どちらにも篩い分けることのできない未分化な領域である。ただし、タルドは、「群衆」が集う「都市空間」より、「公衆」が出現する「都市／メディアの空間」により社会変化の重要性を認めていた。

すでに一九世紀末には、一時間に二万部の印刷能力をもった輪転機が作られ、現在の新聞用輪転機の原型となったウォルター輪転機も開発されている。電信技術も開発され、情報伝達の速度は急速にアップし、新聞紙面には遠方で起きた出来事も短時間で記事化された。こうした当時としては最新のテクノロジーに支えられた大量の新聞が、フランスの多くの都市の空間で売られ、読まれ、消費されていたのである。冒頭で述べたように、この読者が都市空間のさまざまなサロンや集会場に集まり、相互に意見を交換し、新聞の記事が伝える内容と信念と欲求を反復し模倣していた。

この組織や制度や家族とは異なる非制度的な「第三の領域」に生まれた「群衆」のネットワーク、そしてなによりメディアに媒介された「公衆」のネットワークから生成する模倣と反復に近代の「社会性」の原初形態が生成していることをタルドは洞察したのだ。

さて、ポストモダニティといわれる現代において、「私」と「公」という明確な領域区分が次第に瓦解し、「私」と「公」が相互に重なり合い、明確に切り分けることのできない領域がふたたび生起しつつある。「私」と「公」の領域とは異なる独自の論理と空間をもつ〈common〉(マイケル・ハート&アントニオ・ネグリ)への関心の高まりはその一例でもある。あるいは情報化にともなうポストフォーディズム的産業構造の成立は労働の時空間をも変貌させ、労働の領域における「私」と「公」の境界の曖昧化が進行していることも指摘されている。さらにインターネットを媒介する個人的な発言が「私的領域」を飛び越えて未分化な「第三の領域」へと拡散していく状況も生まれている。しかも、すでに示唆したように、今日のインターネットを基盤にした「ネットワーク」状に拡大する信念と欲求の流れは、タルド的にいえば、これまでマス・コミュニケーション研究やメディア研究の枠組みでは十分に把握することのできなかった「分子的な微粒子状」の情報の「流れ」による模倣と反復をあからさまに提示している。

これらの事態は、「私的領域」と「公的領域」という二項的配分から逸脱し、散逸していく様相を深めつつあるなかに生成する現代の「第三の領域」の空間的拡大とその社会構成に占める重要性を物語っている。インターネットというメディアテクノロジーによるメディア環境の変貌だけではない。「私」と「公」の分離を基本原理として構成された近代社会の構造が次第に崩れ、ポストモダニティの段階へと移行しつつあるなかで、インターネットに代表されるコミュニケーションの媒体は、この社会の基本的変化の趨勢と抱合しあいながら、またこの変化を技術基盤の側面から担保しながら、社会変化とメディア、社会変動とコミュニケーションを一体のものとして推し進めている。

この判断が妥当性をもつとするならば、一九世紀後半にすでに「第三の領域」に注目し、その独自の空間をネットワークする新聞というメディアの機能を深く考察したタルドの微視的社会学は、社会とメディアの現代的変容の探査に向けて、さらに近代社会とはなにかという原問題を再考する上で、あらためて再評価されるべき視点を提示しているのだといえよう。

注

(1)『模倣論』や「モナド論」の翻訳が刊行されたこともあり、生間元基(2008)「社会と個人の処方 1900——ガブリエル・タルドの『模倣の法則』を読む」『相関社会科学』18号、大黒弘慈(2009)「模倣と経済学」『社会システム研究』12号、池田祥英(2000)「タルド模倣論再考」『日仏社会学会』10号、西脇雅彦(2009)「新たなモナドロジーのほうへ」『早稲田大学大学院文学研究科紀要第2分冊』55号など、近年タルド研究が活性化している。

（2）「群集」と「公衆」の差異とともにその同一性にもタルドが言及していることを見過ごすべきではない。「群集は、信念や欲望が一致することによっておもに形成されるけれども、その能動性・受動性の度合に応じて四つの存在形態をとりうる」とタルドは述べた上で、「公衆にもこの四つの別がある」と指摘する（Tarde, 1901=1964, 49）。受動性の軸には「期待群集／期待公衆」「注意群集／注意公衆」、能動性の軸には「示威群集／示威公衆」「活動群集／活動公衆」が類型化される。

（3）ここで言及されたミルズの見解は『パワー・エリート』で表明されたが、そこでは、近代の公衆を取り巻く環境は、多様な意見や意思を表明する複数の送り手が存在すること、送り手からの多様な意見表明に対して、公衆が効果的に反応する機会を保障する公的コミュニケーションの回路が存在すること、この公的コミュニケーションによる討議を通じて、権威や権力に対抗する行動が実現することが展望されること、そして制度化された権威が公衆に浸透しておらず、公衆の自立性が保たれていること、これら四点が指摘され、公衆の能動的性格が強調される。

（4）タルドが「大衆社会に対する貴族主義的批判に属していることはまちがいあるまい」と指摘する稲葉は、普仏戦争やパリ・コミューンにおける労働者の英雄的行動を思い合わせると「むしろ、積極的な「公衆」の噴出におびえて、タルドは眼をつむり、反動化したのだ、と解したい」（Tarde, 1901, 251）とも述べている。

（5）タルドは進化論を次のように把握する。「進化論において、ひとつの種は個体変異と呼ばれる無数の差異の集積（積分）を意味しており、その個体変異もまた細胞レベルの変異の集積であって、その根底には無数の要素的差異が認められるだろう」（Tarde, 1890, 131）と。だから、「生物種の変容は、それをはっきり目にみえる差異の総計とみなしたら理解不可能であるのに、それを無限小の差異の総計と考えればかんたんに理解可能である」と述べるのである。「無限小のものによって、有限のものが説明される」のだ（Tarde, 1890, 133）。

（6）　こうしたタルドの規定には「複合的なものがあるのだから、単純実体がなくてはならない。複合的なものは単純なものの集まり、つまり集合体に他ならない」と述べるライプニッツ「モナド論」の第2節の記述が対応する。

（7）　魂についてライプニッツはこう述べる。「いま説明した広い意味での表象と欲求をもつものすべてを、魂と呼ぶこととすると、単純実体すなわち想像されたモナドは、すべて魂と呼ぶことができよう。しかし、知覚は単なる表象以上のものであるから、表象しかもっていない単純実体には、モナドとかエンテレケイアという名称で十分である。もっと判明な表象をもちかつ記憶を伴ったモナドだけを、魂と呼ぶことにしたいと思う」（第19節）と。また、「魂は単なるモナド以上のものということになる」（第20節）とも述べている。したがって、ライプニッツは、「モナド」と「魂」との間に差異を認めている。しかし、タルドにはそうした厳密な区別や規定はないように考えられる。

（8）　本文で述べたように、ライプニッツにおいて「モナドとは、複合的なものに含まれている単純実体に他ならない」が、「モナドロジー」の訳者である西谷裕作は「モナドは、ギリシア語の *μονάς* に由来し」ており、「『形而上学叙説』では「個体的実体」「実体的形相」と呼ばれ、その後「エンテレケイア」「能動的力」「原始的力」「真の（統）一」「形而上学的点」などと呼ばれてきたものが、一六九六年頃から「モナド」と呼ばれるようになった」と述べる。「モナド」が当初から「能動的力」「エンテレケイア」として把握されていた点に止目したい。

（9）　タルドは「空間と時間は、……われわれの感覚のさまざまな様式にすぎないものではなく、偶然に生じた原初的な観念、あるいはそもそもの最初から存続している原感覚なのではないだろうか？　さらに、そのような観念や原感覚によって、そして信念と欲望という二つの能力のおかげで、信念と欲望のさまざまな程度と様態が、つまりわれわれ以外の精神的因子が、われわれに示されるのではないだろうか？　このような仮説にしたがえば、物体の運動とは、モナドたちによって形を与えられた一種の判断や意図にすぎないことになろう」（Tarde, 1895, 144）と述べている。

（10）ライプニッツは以下のように指摘する。「一つの表象から他の表象への変化や推移を引き起こす内的原理のはたらきを、欲求（appétition）と名づけることができる。もちろん、欲求のはたらき（appétit）が、その目ざす表象の全体に完全に到達できるとはかぎらない。しかし、いつもその表象から何かを得て、新しい表象に到達するのである」（第15節）。

（11）訳者の西谷裕作による訳注10で指摘されている。

（12）もっとも有名な第14節で、「一、すなわち単純実体において、多を含み、かつ多を表現している推移的状態が、いわゆる表象に他ならない。あとで明らかになるが、表象は意識された表象とは区別されねばならない。この点で、デカルト派の人たちは大きな誤りをおかして、意識されない表象など無いものと考えた」との指摘がなされる。第21節では「単純実体は消滅することはできないし、存続しているからには、何かが変化する状態を伴っているが、これこそ表象に他ならないからである。しかし、微小表象がどれほど多くあっても際立った表象がないときには、人は茫然とした状態にある」と述べられる。

（13）ドゥルーズは『襞』の第8章で、モナドの「二つの階」について詳細な検討を加える。「潜在的―現働的」という対と「可能的―実在的」という第二の対との関係である。言い換えれば、表象という魂の作用と、それが「物質や身体において実在化されねばならない可能性」（Deleuze, 1988=1998, 179）との関係にかかわる議論である。その要点は「身体をもち、身体がそれに属するモナドと、この身体の特殊な必要条件であり、この身体の諸部分に属するモナドを区別しなければならない」点にある。一であるモナド、そしてその身体が属するモナドの諸部分に属するモナドとの「集合的」な関係。この関係のうちに、可能的なものが「実在化」する過程には「定常的な項」としての「支配的なモナド」、そして「一瞬ではあっても「対象」として関係に入る」「可変的な項」たる「支配されるモナド」との関係が想定されるというのだ（Deleuze, 1988=1998, 191）。ライプニッツにみられるこの「支配／非支配」の関係をドゥルーズはまさに「知覚」という現象の相で捉えているが、タルドは文字通り人間と人間との関係にまで延長して展開したといえるかもしれない。

（14）統計学の存立についてドゥルーズは以下のような示唆を与える。「信念と欲望はあらゆる社会の基盤である。信念も欲望も流れであり、その意味では『量化可能』な、真の社会的量になっているのに対して、感覚は質的であり、表象はその単なる帰結にすぎないからだ。したがって、無限小の模倣、対立、創意は、いわば流れの量子であり、それが信念と欲望の波及の、あるいはその二項化や結合の指標となっている。だから、表象の「定常」ゾーンのみならず、その先端にも取り組むという条件で、統計学が重要になるのだ」と（Deleuze & Guattari, 1980=1994, 252）。

（15）タルドの対立と順応を内包する反復という概念がヘーゲルに代表される弁証法とは異なる弁証法的論理を展開するものとしてドゥルーズは捉えている。「差異は二つの反復のあいだにある。それを逆に言うなら、反復もまた二つの差異のあいだにある。つまり、反復が、わたしたちを、或るレベルの差異から他のレベルの差異へ移行させる、ということではないだろうか。ガブリエル・タルドは、弁証法的展開を、次のように定めていた。すなわち、弁証法的展開とは、一般的な差異の状態から特異な差異への、つまり外的な諸差異から内的な差異への移行としての反復である。——要するに、差異という異化させるものとしての反復である」と（Deleuze, 1968=1992, 128）。

（16）ドゥルーズの基本的な概念である「分子的なもの」「モル的なもの」にかんしては、『千のプラトー』第3章ならびに第9章、『アンチ・オイディプス：資本主義と分裂症』を参照されたいが、

「モル的なもの」とは「統一化され同一化（身分特定）されたモル的集合」（Deleuze & Guattari, 1972=2006, 下巻 199）を意味し、「分子的なもの」とは、その反対に、統一化に対して逸脱し、散逸していくものである。タルドが試みた模倣現象に即していえば、「集団的であれ、個人的であれ、ともかく表象にかかわるモル状の領域と、信念および欲望にかかわる分子状のあいだにこそ違いが存在する」ことが明記されねばならない。

（17）ジョルジュ・ルフェーブルは『革命的群衆』のなかで、群衆の集合的な特徴が「心的相互作用」から生まれること、しかもその機能の中心に「語らい」があることを力説している。つまり、群衆が行動に立ちあがる際に見られる「集合心性」は突如形成されるようなものではなく、日常的な「語らい」を通じて形成されてきたことを重要視したからである。タルドが「会話」を重視した視点と通底している。

（18）周知のように、ドゥルーズは、一九六八年五月革命の運動を、「マクロ政治学にもとづいて判断する者には、あの事件が何だったか、見当がつかない」ような「分子的なもの」によるものであったことを指摘する。「分子状の流れが噴き出し、はじめは微小でも、やがてどこに位置づけるべきかわからないまま、しだいに肥大していった……。だが、逆もまた真である。逃走も分子状の運動も、いま一度モル状の組織に立ち戻り、その切片に、また性、階級、党派の二項的配分に修正を加えるのでなければ、およそとるにたらないものになるだろうからだ」（Deleuze, 1980=1994, 249）。この指摘に倣うなら、われわれもまた、現在のコミュニケーションテクノロジーの革新に導かれた「分子的」な情報の流れが従来の二項的配分をどう変えるのか、あるいは変えずに終わるのか、その両側面を精緻に捉えることが求められているといえる。

第三章　メディアと身体の関係と情動の政治学
――テレビが映し出す「政治家」の身体と声

身体という共鳴板は、注意深い内省によって明らかであるように、われわれが想像しているよりもはるかに多く、働いている。

W・ジェームズ「情緒とは何か」（一八八四年）

一　情動という問題系

偽装とは一般に衣装や仮面をまとい正体を隠すことを意味する。しかし、衣装や仮面を身にまとうことなどせず自らをさらけだすことが、それを直接見る者にも気づかれぬまま彼の身体の内部に何事かを生起させ、何事かをなしてしまうことがある。自らをあからさまに提示すること、そのふるまいが強烈な情動を喚起して思いもかけない結果をもたらす。いま、メディアとオーディエンスの共振関係に生じているのはそうしたプロセスではないか。なにがこれほどまでに情動を喚起するのか。情動はどのようなメカニズムを通じて表出されるのか。メディアを媒介する情動の集合的な調整という「情動と政治」「メディアと情動」という問題を考えるためには、異質な領域をつなぎ、複数の補助線を引きながら、問題の輪郭そのものをあきらかにしていくことが必要だ。論証することがこの小論の目的ではない。目的は、あくまで問いを提出すること、問題の輪郭を描き出すことにある。運動、情動、そしてメディアの関連性について重要な示唆を与えるブライアン・マッスミの論考を手がかりに、いくつもの迂回路を経由しながら現代のメディアと政治の問題にアプローチしてみよう。

二　演技を超えたふるまい

『知覚の現象学』の「自己の身体の空間性および運動性」と題された一節でメルロ＝ポンティは興味深い事例を記述している。伝統的な精神病学で「精神盲」と呼ばれるものに分類される患者の例である。この患者は、生活に必要な運動なら、それが彼に習慣的なものでありさえすれば、眼を閉じていても異常な速さと的確さでおこなうことができる。ハンカチをポケットから取り出して鼻を擦ることも、マッチを箱から取り出してランプに点火することも、なんら問題なくできる。「こうした具体的な運動なら、彼は何の予行演習なしでも、命令に従っておこなうことができるのである」（Merleau-Ponty, 1945=1967, 180）。しかし、彼は、ある実験的な状況が設定されて、眼を閉じている場合に、命令に基づいて腕や脚を動かしたり、指を伸ばしたり曲げたりするような、何ら実際的な状況に向けられていない「抽象的な運動」はおこなうことができない。同様にして彼は、自分の身体の位置を、それどころか自分の頭の位置さえ記述することができない。自分の皮膚の上の二つの接触点を、それが八〇ミリも離れていても区別することすらできないし、自分の身体に当てられた物体の大きさも形状も認知することができないのだ。彼が、こうした「抽象的運動」をやり遂げることができるのは、ただ運動させるように命ぜられた腕や脚を眼で見ることが許され、予行練習運動を全身でもっておこなうことができる場合だけである。

この事例は、通常わたしたちが考えている以上に、身体空間が複雑な諸相を内包していることを物語っている。患者の身体空間は「具体的な習慣的行動」を通じてのみあらわれる。「身体空間というものを、自分の習慣的な行動の素地としては意識するけれども、客観的な環境としては意識しないのであり、彼の身体も、なれ親しんだ自分の周囲に入り込む手段としては自分の意のままになるけれども、非功利的で囚われない空間的思考を表現する手段としては自分の意のままにならない」（Merleau-Ponty, 1945=1967, 182）のだ。これをどう概念的に把握し表現できるのか。この患者に関するもうひとつの記述に注目しておこう。

すでに述べたように、この患者は、行動を遂行するように命令されると、初めにその命令を問い返すような調子で復唱し、つづいて自分の身体を、この課題を果たすのに必要な全体的姿勢のなかに据えつけ、予行練習運動を全身でもっておこなうなかで、最後にやっと運動を遂行できるようになる。

たとえば、軍隊式敬礼をやらせると、それと一緒に、敬意を表わす他の外面的諸特性まで示してしまう。また右手に髪を梳かすまねをさせると、その仕草とともに、左手の方も鏡を持つ仕草をしてしまう。……患者が命令に基づく具体的運動をやりとげられるのは、ただその運動の照応する実験的状況のなかに、心のなかで自分を置いてみるという条件のもとだけだからである。正常な被験者だったら、命令に基づいて軍隊式敬礼をおこなう場合、そこに実験的な状況しか見ず、したがって運動をその最も特徴的な要素に還元してしまい、そこに全身を投入することはしない。彼は自分自身の身体と戯れ、兵隊のまねをするだけで満足するのであり、彼はちょうど役者が自分の現実的な身体を演ずべき役柄の〈大いなる幻影〉のなかに滑り込ませるように、自分を兵隊の役割のなかに〈非現実化（irréalise）する〉のである。正常人と役者とは、想像上の状況を現実的なものとはとらないで、逆に自分の現実的な身体をその生活上の状況から脱却させ、想像のなかでこれに息づかせたり話をさせたり、必要とあらば泣かせたりもするわけである。（Merleau-Ponty, 1945=1967, 182）

正常人＝役者がある役割を演じる演じ方と精神盲の患者の演じ方との相違が的確に記述され

ている。役者はある役割のなかに自己の身体を置くとき、その想像上の状況を現実的なものとはみなさない。あくまで自己の身体を、演ずる身体として「非現実化」する。腕の動き、足の動き、顔の動き、に分解して演技をおこなう。それに対して、患者の方は命令に基づく運動をおこなうために、繰り返し暗唱をおこない、全身を投入して練習しなければならない。繰り返し練習することで運動を身体の内側に内面化することで、あるいは身体運動を習慣化することではじめて運動を遂行するのである。いわば一種のハビトゥスの形成といってよいだろう。自らの身体を「総体の感情的状況のなかに置き、実生活の場合と同様に、この状況からこそひとりでに運動が流出してくる」ように運動するのだ。

重要なのは、自己の演技を舞台というあくまで想像上の空間でおこなわれる非現実的なこととみなす役者とは異なり、想像上の状況のなかでおこなわれる患者のふるまいが現実的なことがらとして感覚され遂行されるということである。彼のなかでは、現実と虚構、日常と舞台、の差異は消失し溶解している。それはもはや「演技」とは呼べないような、「演技を超えたふるまい」とでも言うべき性格を帯びることになる。もしもそうした運動やふるまいを目撃したとしたら、わたしたちはそこに何を見るのだろうか。メルロ＝ポンティもその運動を見た人の経験を記述しているわけではないし、私自身見た経験もないので断定はできない。だが、先ほど、ハビトゥスの形成、あるいはハビトゥス的な運動と述べたが、日常の習慣的行動に近いとはいえそれには解消できないふるまいが放つ、不気味さ、不可解さ、あるいは言葉にならない不安の衝撃や衝動をその運動からうけるのではないか。日常のなめらかな動きからは「切断」した、異常なほど「なめらかすぎる」運動の厚みを……。その点については後述することにし、ここでは「役者」と「役者以上の存在」との違い、「演技」と「演技を超えたふるまい」との対照性をひとまず確認しておくことにとどめよう。問題はこの対照性がいかなる機制のもとに生まれるかである。

メルロ＝ポンティは次のように分析を続ける。「正常な被験者は、単に具体的環境のなかに入れ込まれたものとして自分の身体を自由にし得るだけではなく、また単に職業によってあたえられた任務との関係で状況づけられているだけではなく、また単に現実的な状況へと開かれているだけではない。その上に、実用的意味を欠いた純粋刺激の相関者として自分の身体を所有しているのであり、みずから選ぶこともできれば験者によって提示されることもできる言語上の虚構的な状況へと開かれてもいるのである」と（Merleau-Ponty, 1945=1967, 126=188）。彼は同様に、正常な被験者の場合には「身体刺戟があたえられるたびごとに、現勢的な運動（mouvement actuel）ではなく一種の『潜勢的な運動』（movement virtuel）が目覚める」のに対して、「病人の触覚が刺戟の場所をつきとめるのに自分の身体の運動を必要とするのは、この触覚がひたすら現勢的なもののなかにだけ閉じ込められているから」であるともいう。患者は身体刺戟が与えられるならばそれを習慣化した運動へと回路づけることしかできない。あるいは回路づけるためにつねに全身を投入し練習しなくてはならない。そこでは、不確定で、同定されない刺戟、すなわち「実用的な意味を欠いた純粋刺激」による「潜勢的な運動」が入り込む余地はない。「潜勢的な運動」は「潜勢的な運動」として目覚めることはなく、「現勢的な運動」に回収されていくのだ。それに対して、正常な被験者であれば、身体刺戟がただちに「現勢的な運動」に向かうことはなく、「潜勢的行動の中心としての身体から、或いは身体自身へ、或いは対象へと向かってゆく諸指向作用の束が意識にのぼせられ」(Merleau-Ponty, 1945=1967, 189)、意識化の契機を経由して知覚・運動が組織されていく。

正常な被験者は「潜勢的な運動」をいったんは身に引き受け、茫然とした状態から明確に意識された状態へと進み、「抽象的運動」を開始することができる。「抽象的運動」に開かれていること、他方で習慣化されたハビトゥスの運動、「具体的運動」にも開かれていること、この往還性にメルロ＝ポンティは身体空間の重層性を見て取るのだ。

メルロ＝ポンティの明晰な考察をまえにすると残された問題など無いように思える。しかしそうだろうか。正常な被験者、そして患者、という二つの主体の設定は、あるひとつの問題を見えないものにしてはいないか。すなわち、自らの身体を「総体の感情的状況のなかに置き、実生活の場合と同様に、この状況からこそひとりでに運動が流出してくる」ように運動する患者のふるまい、「演技以上のふるまい」と形容したふるまいは、患者のみの運動ではなく、むしろ正常な被験者のふるまいや運動としても捉え直してみる必要があるのではないか。いま指摘した問題ともかかわるもうひとつの問題も指摘できる。メルロ＝ポンティは患者のふるまいを「現勢的な運動」にのみ閉じ込められ、「潜勢的な運動」に開かれてはいない、と述べていた。しかし事態はそれほど単純ではない。むしろ、患者は過剰なほど「潜勢的な運動」に出会いながら、それを「身体自身へ、或いは対象へと向かっていく諸指向作用の束」を通じて意識にのぼらせる過程を遂行することができない（だからこそ彼は「病気」なのだ）からこそ、全身をつかった予行練習運動を通じて「現勢的な運動」に向かわざるをえないのではないか。そう問い直すこともできる。さらに言えば、メルロ＝ポンティのいう「現勢的な運動」が「現勢化された運動」を指していると理解することができるとしても、そこに現出した運動がハビトゥスの特徴をもつ、つまり無意識におこなわれる運動という特徴をもつものであるかぎり、この「現勢的な運動」は実は「潜勢的な運動」に近接し、あるいはそこに開かれていると見ることもできる。そのように考えてみるときあらたな考察の視界が開けてくる。

三　アスリートの身体運動

「演技以上のふるまい」と形容した運動の特徴をあらためて整理しておこう。繰り返し指摘するならば、第一はそれが何度も何度も繰り返される練習に基づいていることだ。反復される暗唱、全身を投入した運動の反復である。第二はその反復を通じて獲得した運動がおこなわれる空間は「実験的」「非現実的」なものではなしに「現実的」なものとして立ち上げられていあることである。「日常性」と「舞台」との差異が失われ、両者がいわば地続きのものとしてあるような身体空間が開かれる。第三は当事者にとってこの運動が「状況の一帰結、一連の出来事そのものの帰結として感じて」おり、「私と私の運動とは、いわば総体の展開のなかの一環でしかなく、私は自分の自主的な発意を意識することはほとんどない」、そのようなプロセスとして感受されていることだ。運動が状況からひとりでに流出してくる、そうした運動のあり方が示唆されている。半ば主体的な、半ば受動的な、運動のあり方。だからこそ、意識的に「演技する」という主体的な運動・ふるまいを超えた、その先に生まれる運動が指示されるのである。では、実際のところ、半ば主体的な、半ば受動的な運動とはどのような運動なのか。

台本に目を通し、監督の言葉に耳を傾け、役者は演ずべき役柄をイメージしてそのイメージに適うように演技・運動する。そこではイメージする「自己」がはっきり存在し、その「自己」との相関項として演ずべき役柄が「対象」として想定されている。あくまで自己—他者、主体—客体の軸上で演技がおこなわれるのであり、そのかぎりで、運動はつねに主体的で自主的な発意をともなっている。主体と客体という二つの項を前提にした関係性をマッスミの指摘に従って「ミラーヴィジョン（Mirror-vision）」と呼ぶなら、いま考えている運動はそうした「ミラーヴィジョン」には収まりきらない異なる位相をもつ運動といえる。

運動が状況からひとりでに生成するような運動。半ば主体的な、半ば受動的な、運動のあり方。この運動を考察しようとすると、ただちにメルロ＝ポンティがキアスムと名づけた関係性が思い起こされるだろう。自分の右手が左手にさわるとき、右手が一方的に左手に触れているだけではなく、この右手が同時に左手に触られているという感覚をもつ。触れるという感覚と触れられるという感覚の同時的な共存あるいは相互転換。こうした触れることが同時に触れられることであるような関係性をメルロ＝ポンティはキアスムと概念化したが、そうした能動と受動を含んだ相互性のもとにある運動を、マッスミはメルロ＝ポンティの議論を十分にふまえながら、「イメージなき身体（body without an image）」、その下に生成する「ムーブメントヴィジョン（Movement-vision）」というキーワードを提起し、その特徴を明らかにしようと試みる。

「ムーブメントヴィジョン」とは、「ミラーヴィジョン」とは異なり、自己―他者、主体―客体の軸上の視点から離脱した、それ自身不連続な（discontinous）ヴィジョンといえる。それを彼は「脱客観化した運動が脱主体化した観察者とともに溶解する転換の空間を拓く」（Massumi, 2002, 51）とも述べている。役者の演技の事例に立ち戻るならば、演ずべき役柄の運動が自己と切り離された客観的な運動としてあるわけではなく、むしろ演ずべき役柄としての他者が自己へと転移し、演ずる自己が演ずべき役柄としての他者へと溶解し脱主体化していくなかで生成する運動としてイメージすることができる。それは「主体と客体、それらの継続的な位置づけが差し引かれ、運動のプロセスの純粋な関係が現われ出る」（Massumi, 2002, 51）空間の開示でもある。その意味でマッスミがこの運動を「イメージなき身体」そして「擬似―身体性（quasicorporeality）」という二つの概念で捉えようとしていることには十分な根拠がある。すでに指摘したように、「ミラーヴィジョン」においては「イメージをもつこと」が重要な契機をなしている。他者が示す「役柄のイメージ」であれ、「イメージをもつこと」であれ、台本から得られた役柄の「自己イメージ」の「自己イメージ」であれ、「イメージをもつこと」は、「自己」の存在とともに、対象化あるいは意識化のプロセスを前提とする。ところが、対象化、意識化、という現勢化のプロセスを起動させる時間的余裕すら与えず、一気に運動へと身体を巻き込んでしまう空間では、「イメージをもつ身体」が現れることはない。そこには「イメージなき身体」が成立する。主体と客体とを分離するなかに立ち現れる通常のリアリティを担保する身体性が変異し、他者でもあり自己でもあるような特異な身体性、「擬似―身体性」が現出する。この持続の無い一瞬をマッスミは「出来事（event）」と呼ぶ。ドゥルーズであれば「内在平面」と呼ぶであろう「出来事（event）」は「現勢的」な契機を欠いた（short of actual）、「潜勢的」な次元に時間が属することでもある。

「イメージをもつ身体」が生成する以前に、運動に全身が巻き込まれ、先に身体が運動してしまっている状況。触発する身体と触発される身体が出会い、そこに強度が生まれ、アフェクションが生成する状況。こうした運動が成立する状況を思い浮かべようとするときに真っ先にイメージされるものはなにか。私にとって、それは、トップアスリートの身体運動、とりわけサッカーという競技のフィールドで展開されるプレイヤーの運動である。

アスリートやプレイヤーは言うまでもなく同一の運動を繰り返し、運動感覚を身につけていく。反復練習こそが上達の最低限の条件だろう。しかも全身を投入した反復練習である。練習をはじめた時期には、「わたし」がキックする、という主体的な意識が付きまとっている。だが、反復練習を通じて身体図式もしくは運動感覚が形成されると、ある方向から向かってくるボールに自然に、意識することもなく、足や腕が勝手に運動して、キックという動作を開始する。キックした、と「わたし」が気づくのは、あきらかに事後的なものだ。そこに生まれた運動はまさに「状況の一帰結、一連の出来事そのものの帰結」、「私と私の運動とは、いわば総体の展開のなかの一環でしかない」と感じられるだろう。

もちろん他方で、アスリートは、与えられた自分のポジション、自分の役割を認識もしている。フォワードか、バックか、ハーフか、その役割に応じて自己がいかに運動し、ふるまうべきか、「イメージをもつ身体」でもある。ボールの動き、チームメイトの位置と動き、そしてゴールの位置を客観的に計測してもいる。「ミラーヴィジョン」も彼の身体にしっかりと組み込まれている。

だがここで強調すべきは、自らの役割をいかに完璧に遂行したとしても、その遂行性にアスリートの身体運動の卓越性があるわけではないということだ。また彼らの卓越さは意識しないまま身体が動き運動が開始されるといった一般的なハビトゥスの運動性にもない。アスリートの身体の特権性はいずれの事態からもはるかに隔たった地点にある。それは、一方でハビトゥス的な運動、他方で身体に刻まれた「ミラーヴィジョン」、その双方を基礎にしつつも、あるいはそれらと重なりつつも、そこから一気に超越した運動が生成する一瞬にある。

緊迫したゲームのフィールドを想像してみよう。三人のバックに囲まれながらもフォワードの選手が難しいコースからのボールを不利な体勢でキャッチし、事後的に「スゲー」としか言いようのないような動きで相手のガードを切り返し、予想もできないコースにボールを〈一瞬〉のうちにキックし、彼の遠く離れた右サイドの後方から走りこんだ選手がゴールを決める、そんなシーンを想像してみよう。この一瞬が、「イメージをもつ身体」など形成するはずもない、半ば主体的な、半ば受動的な運動が生成する特権的な空間であるはずだ。

こうした場面では、自己―意識とは、むしろプレイの否定的な条件となる。「プレイヤーが自らを主体として反省的に感覚することは、プレイが円滑に展開していくためには、最小化されねばならない障害の源なのだ。あるプレイヤーがキックの体勢にあるとき、彼はボールをみているというよりも、むしろそれが通過することを見ている。彼は、反省的にというよりも、再帰的に、ボールのポテンシャルな運動を判断する。このことはフィールド上の全プレイヤーの位置を、彼ら相互の関係やボールとゴールとの関係において瞬時に計算することを含んでいる。これは意識的な計算というよりもあいまいな知覚である。というのも、反省的に処理されるにはあまりに多くの項が存在しており、各項は定項というよりは変項であるからだ。プレイヤーたちは絶えざる移動状態にあるので、プレイヤー相互の関係や、ボールやゴールとの関係も流動的であり、計測するにはあまりに複雑である。それらの関係は、ボールのポテンシャルな運動のための開口部がそのさなかに出現するような、強度の高まりとして記録可能（registerable）なだけである。プレイヤーは、彼の訓練された身体が、自らのそれぞれ分離された知覚の印象を、強度の全域的な感覚のなかへ総合するように仕向けなければならないのだ」（Massumi, 2002, 74）。一瞬の卓越した運動は、プレイヤーとプレイヤー、プレイヤーとボール、プレイヤーとゴール、ゴールとボール、という各要素の誘導的（inductive）、触媒的（catalytic）、トランスダクティブ（transductive）な混合を通じて、それらが条件づけるものの偶発的な効果として生成する。この運動の生成の次元あるいは平面（「内在平面」）をマッスミはすでに論及したように「出来事（event）」あるいは「ポテンシャルのイベント次元（event-dimension of potential）」と呼ぶのだが、そこではプレイヤー、ボール、ゴールという各要素が関係する経験的な空間が二重化されるのだ。もう少し説明しておこう。

ゴール、プレイヤー、ボール（それ以外にもルール、審判という重要な要素が存在するがここでは括弧に入れておく）、それぞれがからみあいプレイが展開される際に、ボールはプレイヤーの運動の客体であり、キックするプレイヤーは主体である、とまずは述べることができよう。しかし、ボールがどう放物線を描いて飛ぶのか、それがどう跳ねるか、それが全体のフィールドのなかでのプレイヤーの配置を規定し、フィールドを不断に差異化するとすれば、ボールこそが主体であると指摘することもできる。ボールは主体でもあり、客体でもある、つまり二重化され、同様にプレイヤーも二重化されるのだ。マッスミは以下のように指摘する。「キックは実際、ひとつの表出であって、プレイヤーの表出ではない。というのも、語源的意味で言えば、ボールのアトラクティブな触媒作用がプレイヤーの身体からキックを「外へ引き出す」のであり、キックはボールの表出作用なのだ。……ゴールが誘導因子である一方で、プレイヤーの身体はこの表出の結び目であり、プレイの主体ではなくゲームの全域的な状況に影響を与える、イベントを触媒するための物質的なチャンネルなのであり、ボールもまた触媒なのである」（Massumi, 2002, 73）と。各要素は、実体であると同時に、それ自体がフィールドの触媒作用の「部分―主体（part-subject）」として二重化されるのである。

この二重化された空間のなかの身体運動を特徴づけるのはなにか。マッスミによれば、「触覚的感覚（tactile sensibility）」と「内臓的感覚（visceral sensibility）」である。「触覚的感覚」あるいは「自己刺激感応性（proprioception）」は「対象と身体との出会いの際の活動や経験を両者の関係にかかわる筋力の記憶へと変換」することであり、「技能、習慣、心の構え、といったことがらの累積的な記憶」であるという。対象の操作や他者に対するふるまいが記憶され、自然的なふるまいが無意識のうちに組織される「累積的な記憶」である。自己と対象との境界が流動化するという共通性をもつ点で、目にとって「ムーブメントヴィジョン」が占める位置と同じ位置を皮膚にとっては「自己刺激感応性」が占めている。両者はともに「肉のパースペクティブ（perspectives of the flesh）」なのだ。

これに対して、後者は、そうした「触覚的感覚」の次元に近接してはいるけれども重なり合うことのない独自の次元をなす。「内臓的感覚」は「イメージなき身体」が別の時間＝形式を開くように、その感覚は別の空間を開く「肉の第二の次元」である。真夜中に一人で歩いているとき背後から聞こえる足音。そのとき私たちは、自然に流れる時間の持続がほんの一瞬断ち切られ、切断された感覚を随伴しながら、誰の足音かを同定する前に「冷や汗」をかく。路上を歩いているとき背後からブレーキの音が鳴る、それが何の音か判断する前に体が反応してしまう。「内臓的感覚」は、判断し、反応する、行動する、という身体運動の手前で、すでに身体＝肉が反応する、反応してしまっている状態を指している。意識が明晰に対象を知覚する前に、身体はすでに触発＝変様しているのだ。「自己刺激感応性」の次元が刺激と反応の回路を媒介する「中間領域」をなしているのに対して、この「内臓的感覚」は刺激と反応の回路から外れた「受苦の空間」を開示している。

「イメージなき身体」は、「触覚的感覚」と「内臓的感覚」に裏打ちされるかたちで、独自の時空間を開示しながら、途方もない運動を生成する。ハビトゥス的な側面をもちつつも、他方でそれを超えた独自の運動・ふるまいが生まれ出る。それは、練習の積み重ねからだけでは生成することのない運動であり、その状況全体を全身で受け止め、その状況に全身で巻き込まれるなかで生成する運動である。

また次のことも銘記されねばならない。演技という次元を超えた「イメージなき身体」が構成する運動が、通常われわれが期待する運動やふるまいを断ち切り、突如、予想もできなかった運動を成立させる、「切断」という契機を内包していることだ。「イメージなき身体」が構成する運動は、それまでの自然な時間の流れや運動の流れを断ち切る。予期していた運動、予期していた演技、予期していたふるまいが裏切られるのだ。それを目撃するとき、わたしたちはとてつもないアフェクション＝触発・変様を感受する。たとえば、ジダンやロナウジーニョといったトップアスリートが見せる類まれなボディーバランスと、そこから不意を撃つように一瞬のうちに繰り出される運動、それはそれまでの時間の流れ、運動の流れを断ち切り、それとは異なる次元にわたしたちを引き寄せる。そしてその運動する身体のフォルムの美しさ、私たちの目はそこに釘付けになる。触発＝変様の只中で「イメージなき身体」が繰り広げる一瞬の運動を見る私たちの身体もそれに感染したかのように、突然、触発＝変容の只中に巻き込まれ、歓喜し、陶酔する。スタジアムは興奮の坩堝へといたるだろう。「イメージなき身体」が生み出す運動を特徴づける「切断」という契機が、強度の情動を喚起し、感情を誘発するのだ。

私たちは精神盲と呼ばれる患者の身体運動から出発した。彼の身体は「演技を超えたふるまい」を生み出す。彼は指示された動作や役割を自分なりにイメージして演技することができない。演ずべき役柄をひとつの対象とみなすことができない。彼は演ずべき役柄を文字通り彼自身の運動とする。演ずべき役柄は彼自身であり、彼自身が演ずべき役柄となるような運動が遂行される。(1) そこでは「ミラーヴィジョン」が破棄され、「イメージなき身体」が立ち上げられていることがわかる。この「病的」な運動を「病的」という言葉の輪郭線の内部で思考することをやめて、むしろこの運動をアスリートやトッププレイヤーの身体運動の内部に見出せる特異な運動と接合させて考えてみること、そしてプレイヤーの動きを逆に精神盲の患者の「演技を超えたふるまい」の特質を照射するものとして再考してみること。こうした乱暴な仮説に導かれて論を展開してきたわけだが、この一連の考察を通して見えてくるのは、「イメージなき身体」が組み込まれた「ムーブメントヴィジョン」の時空に現れる運動が「演技を超えたふるまい」の内実をかたちづくること、そしてこの強度の触発＝変様の只中にある「擬似―身体」の運動がそれを見る者に対して同様の強烈な情動を喚起することである。

ここにいたってようやく私たちは問題のとばぐちに立つことができる。

問題はこうだ。

想像してみよう。プレイヤーの身体運動が政治家の身体に転移したならば……と。もし、政治家の身体がプレイヤーの身体として組織されるなら、そこに生起する情動はなにを帰結するのだろうか……と。

もちろん、政治家がトップアスリートの身体から繰り出される華麗な身体運動を体現することなどできるはずもない。私もそんなことを主張したいわけではない。そうではなくここで考えてみるに値するのは、政治家が演技ではなく、「イメージなき身体」の時空に身を置いたときの、そのときのふるまいなのだ。政治的身体が、たんなる演技ではなく、精神盲の患者のように、自らの身体を「総体の感情的状況のなかに置き、実生活の場合と同様に、この状況からこそひとりでに運動が流出してくる」ように運動するときのことを想像したいのだ。

四　トップアスリート＝政治家の身体運動

精神盲の患者の身体、トップアスリートの身体運動の延長線上に措定される特権的な政治的身体など存在するのか。存在するとすればいったいそれは誰か。マッスミの論述を強引に接合すれば、アメリカ合衆国第四〇代大統領ロナルド・レーガン、その人である。

オリバー・サックスの有名な著作『神経生理学』のなかに書かれたレーガンにかんする記述を援用しながら、マッスミは政治的身体としてのレーガンの特異性を分析する。それは病院に入院中の二人の患者に、スピーチをおこなっているレーガンの映像を見せた際の記録である。一人は言語理解が困難である一方でボディーランゲージを読み取る能力に優れた全失語症の患者、もうひとりはアクセントや抑揚といった声による表現や身振りを理解することはできないが文法の形態や論理的な展開といった言語理解については卓越した能力を示す認知不能症の患者である。結果は意外なものだった。「偉大なコミュニケーター」といわれたレーガンのスピーチを流す映像はふたりの患者にとってまったく理解できないものだったからである。全失語症の患者にとって、レーガンの身振りは滑稽なほど無駄なふるまいにしか見えなかった。他方認知不能症の患者にとって、レーガンの演説はひとつひとつの文章が文法的に正確で全体が論理的に展開され結論づけられたものとはまったく思えない代物だった。ハリウッドの俳優として脚光を浴びたレーガンの身体は、人々を注目させるに十分な滑らかな身振りや説得力に富むスピーチをするはずだ、と考えられるかもしれない。しかし結果はそうした予想を裏切るものだったのである。実際、彼の不器用な言葉遣いや身のこなし、さらに思想の非一貫性は、格好のニュース記事のネタとして新聞をにぎわしていたし、多くの人々がその事実を知っていたのである。彼は言葉による説得という点ではまれにみる無能者であったのだ。ではなぜ彼は二度の大統領選挙で勝利しえたのか。なぜ二度目の大統領選挙では「地滑り的な圧倒的勝利」を得ることができたのか。マッスミは言う。「唯一の結論は、レーガンが二つの機能障害をもっていたにもかかわらず、むしろそのことのために、能力あるリーダーであったということである。彼は、非イデオロギー的手段によって、イデオロギー的な効果を生み出すことができたし、アメリカの政治的方向におけるグローバルな変動をもたらすことができたのである。彼の手段はアフェクティブであること、そこにあったのだ」(Massumi, 2002, 40)と。

「非イデオロギー的手段によって、イデオロギー的な効果を生み出すこと」を可能にさせる能力を彼が獲得するきっかけとなったのは、レーガン自身が自分にとって最高の映画であったと回想する『Kings Row』の出演であった。

レーガンは、映画俳優として、一九本の映画に出演したが、彼自身二流の役者であったと告白している。他の役者のように、自分に与えられた役柄をイメージし、そのイメージ通りに演技することが彼にはできなかった。彼は試写室のスクリーンに映し出された自分の姿に幾度も愕然とする。自らがイメージしていた動きや立ち振る舞いとはまったくことなる不器用な動きが映写されていたからである。言い換えよう。彼は「ミラーヴィジョン」にしたがって演技しようと試みても一度もうまく演技することができなかったのだ。

その彼に転機となる映画が舞い込む。一九四二年に封切られた映画『Kings Row』である。その映画で彼は、「若くてハンサムで、威勢のいい青年の役を演じなければならなかった。だが、その青年は事故に遭い、下半身が切断されていたことを、ベッドで目覚めたときに気がつくことになる」。彼は下半身を切断した人物を演ずるという困難な役を求められたのである。そのときの様子を彼の自伝は次のように描いている。「実際、下半身が切断されていること、このことをどのように感じているのか、それを発見しなければならなかった。鏡の前で、スタジオの隅で、家に運転して帰る間に、レストランのトイレで、選ばれし友人の前で、そのシーンのリハーサルをおこなった。夜、寝る前には、天井をじっと眺めていることに気づき、自動的に台本をぶつぶつ言っていた。私は外科医と精神科医に意見を求めた。私は身体障害者の人々にも話しかけ、ある晴れた朝に目覚めたときに自分の下半身がなくなってしまっていることに気づいた人間が感じなければならないような、感情の大釜を醸成しようとした。私は多くの人たちから多くの解答を得た。私は多くのことを学んだ。私の解答は彼らのいかなる解答とも一致しなかったし、彼らの解答も彼らの間で一致することもなかった。私は途方に暮れてしまったのだ」(Massumi, 2002, 51からの引用)。いくら練習を積み重ねても無駄である。演ずべき役柄のイメージを構成しようにも、構成できない。憔悴し、疲労がピークに達した頃に本番の撮影が開始される。ベッドに穴が開けられ、下半身がその穴を通して隠され、本人にも下半身が隠された状態で横たわった、そのときである。レーガンは「イメージなき身体」の時空へと参入したのだ。自己と演ずべき役柄の境界が失われた特殊な時空間へ。

私はトルソーと私の足が入るべきカバーのなめらかな平面を見つめていた。次第に事態が私を恐怖でいっぱいにした。気味の悪い仕方で、恐ろしい何物かが私の身体に生じてきた。スタッフが集まり、カメラが定位置にセットされ、セットに照明が当てられていることによようやく気づいた。『照明！』『静かにして！』という声が上がり、緊張したまま私は目を閉じていた。ディレクターの『アクション！』という低い声が聞こえ、鋭い『カチャ』という音が聞こえた。その音はシーンの開始の合図である。私はぼうっとしながら目を開き、あたりを見回し、ゆっくりと視線を下のほうへ送った。私が私の足があるべき場所を捜し求めようとしていたとき、そのときの感情を今でも描写することはできない。私は声を出した。何週間も私に付きまとってきた言葉を。『私の残りの部分はどこにあるんだ?』という問いかけを。撮り直しはなかった。それはよいシーンであった。画面のなかでまさにそうであるように現れていた。たぶん単一のショットのなかで同じようにおこなうことなどできなかったろう。というのも、できるだけ他人の身体のなかに自分自身を置いたからである。私のキャリアのなかで、俳優の人生が何であるかを説明するに際してひとつの台詞がこれほど効果的であったことはない。ラッシュ版を見ながら、スクリーン上の影が私自身であることを私はかろうじて信じることができた。（Massumi, 2002, 51-52 からの引用）

すでに述べたように、トッププレイヤーが瞬時に運動する際には「自己―意識」がむしろ障害となる。「自己―意識」が消失したとき、自己―他者という軸がゆらぎ、半ば主体的な、半ば受動的な運動が生成する。同じように、緊張と疲労の極限にあったレーガンは「自己―意識」を失い「ムーブメントヴィジョン」の時空へと引き込まれていく。「歩ける能力、可動性によって特徴づけられる状態」から「横になったままの、不動性によって特徴づけられる状態」への変質の絶頂点で、レーガンはひとつのパースペクティブから他のパースペクティブへと横断し、「自己が過去の自己とは異なるものへと移行する、まさに出来事（event）」を成立させたのである。

マッスミはこのプロセスを三つの位相から捉えている。演ずべき役ができないなかでの、極度の緊張と疲弊、つまり受動性の頂点にあったこと、第二はレーガンが知らないままに準備された穴の開いたベッドという「偽装」によってはじまったことである。彼は自分をこの「偽装」の穴に入れることで、現実世界における活動が宙吊りにされる。穴の開いたベッドという「装置」に身を沈めることで彼の身体には自分自身以上のものが浮上してくる。第三はディレクターの合図で開始される。一時停止の宙吊り状態は、ディレクターの「アクション」の声によって変質した空間へと移行する。彼の身体にこみ上げてきた感情はあるジェスチャーやフレーズとして外に向けて炸裂する。「その瞬間に彼は他者の身体に入り込むのだ」。

役者は、メルロ＝ポンティが指摘したように、どれほど真剣に演技に取り組もうとも、その舞台を「現実的なもの」と感ずることなどない。だが「他人の身体に入り込んだ」レーガンの運動は、彼自身にとって、「現実的なもの」として成立してしまう。そこでは、舞台と日常、スクリーンと日常の境界は消失するだろう。そうである限り、彼はスクリーン上の俳優として生き続けることなどもはやできないし、それはまた逆に、日常生活においても俳優として生きねばならないことを彼に強いるのだ。スクリーン上の俳優にはなりきれなかった残りの部分をレーガンは日常生活の延長線上にある現実の政治、保守的な政治において捜し求めることになる。事実、五〇年代にレーガンはほとんど映画に出演することはなくなり、政治家としての道を歩むことになる。

ベトナム戦争後の「傷ついた」アメリカの崇高な魅力を回復する試みのなかで、彼は「国家に演技を呼びかけた、国家の役者兼ステージ・ディレクターであった」とマッスミは述べている。たんなる役者を超えた存在、「イメージなき身体」から引き出されるパフォーマンスは、それまでの「政治家らしさ」を体現し、論理一貫した弁舌を旨とする政治家のパフォーマンスとはことなるものであったはずだ。レーガンはこうした見慣れたこれまでの「政治家」をたんに演じたのではないからだ。もちろん穴の開いたベッドのように、パフォーマンスの舞台つまり装置が必要だ。テレビカメラの前に設置された政治的舞台が。だが、精神盲の患者のふるまいを形容した字句をふたたび引用するならば、レーガンの身体はその舞台の感情的状況のなかに置かれ、「実生活の場合と同様に、この状況からこそひとりでに運動が流出してくる」ように運動する「擬似—身体」へと変異して、レーガン自身がもはやレーガンではない自己以上の存在者となって運動する。意表をつく洒落たジョーク、大衆の共感と喝采を呼ぶ不意をついた有名な台詞の引用。それらは、俳優から政治家に転身した人物の、俳優であったからこそできる名演技として理解してはならない。それは不意に出てくる「演技を超えたふるまい」なのだ。サッカーのトッププレイヤーが一瞬のうちに見事なキックをおこない、そこから予想もできないコースにボールが飛び、一気にゲームの形勢が転換するように。

政治家の「演技を超えたふるまい」をテレビの映像を通じて見る者は、そのとき、身体という共鳴板を通して、テレビ＝レーガンと共振し、強い情動を喚起される。彼の語る言葉の意味がオーディエンスに訴えかけるのではない。彼の演説の論理展開の一貫性がオーディエンスに働きかけるのではない。彼のビブラートの利いた美しい声、「強いアメリカ」という他者の身体に入り込んでそれを体現したレーガンの身体がテレビを通じてオーディエンスの身体を触発＝変様させるのだ。マッスミの言うように、レーガンは「ポストモダンの政治において、潜勢性（the virtual）を操作化」することで、「非イデオロギー的手段によって、イデオロギー的な効果を生み出すことができたし、アメリカの政治的方向におけるグローバルな変動をもたらすことができたのである」。

重要なのは、そこには隠されているものなどなにもないということだ。テレビはすべてをみせてしまう。レーガンの顔、その表情、彼の声、その声の調子、美しくビブラートする彼の声を、テレビは何も隠すことなく伝える。

そこでは、なにも隠されてはいない、すべてが見えている。

ここで私はどうしてもあるひとつの政治的イベントを連想してしまうのだ。「小泉劇場」と言われた政治プロセスである。大相撲の千秋楽、大一番を制した横綱に優勝杯を授与するとき、彼は「よくがんばったぁ」と絶叫し、観衆は総立ちになって大歓声を上げた。情動を喚起する装置・舞台は土俵であり、テレビであったが、彼の運動はこれまで述べてきたような意味での演技なのだろうか。彼の身体がその舞台の興奮に飲み込まれ、不意に口にしてしまったのではないか。宣伝カーの上で「古い自民党をぶっ潰す!」と叫ぶ彼は演技していたのだろうか。テレビカメラの前で「命をかけてやる」「死んでもやります」と発言する彼は演技していたのだろうか。彼はその舞台の感情的状況におかれ、その状況からひとりでに運動が流出するように言葉を発したのではないか。トップアスリートのキックから飛び出るボールのように。そしてレーガンが下半身を隠された状況で一瞬「他者の身体に入り込み」、「私の残りの部分はどこにあるんだ?」と半ば無意識のうちに言葉を発したように。彼の「命をかけてやる」「死んでもやります」などという発言を、文字通り、その言葉の意味の次元で受容したオーディエンスは一人もいなかったはずだ。彼が失敗すれば、命を自ら絶つだろうとは誰も考えてはいない。政治家とメディアとオーディエンスの間にはこうした言葉など意味をなさない、無意味な言明である、というコードがすでに共有されているからである。では、オーディエンスは言葉の意味ではなく、彼の発言から何を受け取ったのか。誤解されることを覚悟の上でここでは次のように断言しておこう。レーガンはトップアスリートなのだ、と。そして小泉という人物もまたトップアスリートだったのだ、と。彼らの放つボールが、意味といったことがらを空中に霧散させ、オーディエンスの身体に何事かを触発させたのだ、と。

もちろん、そう断定したからといって、情動が喚起されるという問題を特異な政治家の身体運動としてのみ考えることは許されない。彼らのパフォーマンスは必要だとしても、彼らが大衆的な集合的なヘゲモニーを調達できるのは、すべてを見せてしまう装置＝メディアを通じてはじめて可能となるのだから。

彼らが放つボールはスタジアムを越えて、ダイレクトにオーディエンスが視聴する空間に届けられるのだ。情動を喚起するパフォーマンスから、情動が喚起されるフィールド、そのフィールドを規定する要因に考察を転じることにしよう。

五　情動、そして現働化のプロセス

その前に、そもそも情動とはなにか。これまで、触発＝変様あるいは情動といった概念を明確に規定することなく使用してきたが、あらためて考察を加えておく必要があろう。ドゥルーズは『スピノザ――実践の哲学』のなかで二つの側面から情動を規定する。ひとつは affectio＝変様である。変様とは個々の身体や精神自体におこる変化（様態的変様）を指す。その意味で変様とは、「第一にまず像、すなわち物体的・身体的な痕跡であり、そうした像の観念（idea）は、変様を触発された体自体の本性とそれを触発した外部の体の本性を同時に含んでいる」（Deleuze, 1981＝1994, 165）。ふたつの契機が指し示されていることに留意しよう。affectio は、物体的・身体的痕跡であり、かつそうした像の観念でもある。この変様の観念によって外部の身体は私たちに現前するものとして思い浮かべられる。第二は affectus＝情動である。上記の変様（像または観念）はまた、その変様を触発された当の身体や精神自体のある状態（心身の状態）をかたちづくってもいる。「おのおのの状態には先行状態に比して完全性がより大きい、より小さいということが含まれている。つまり、ひとつの状態から他へ、ひとつの像または観念から他へ、そこには推移というか体験的な移行、持続的継起の過程があり、それをとおして私たちはより大きなあるいはより小さな完全性に移行しているのである。……そのような持続、いいかえれば完全性の連続的変移が「情動」ないし「感情」と呼ばれるのだ」（Deleuze, 1981＝1994, 166）。要するに、affections/affecis とは、本性を異にするこの二つの側面から成立する。触発する外部の身体の本性と触発された身体の本性をともに含む像＝痕跡とその観念であり、そしてこの像と観念がかたちづくる心身の状態の持続的継起からなる変様、「身体自身の活動力能がそれによって増大あるいは減少し、促進あるいは阻害されるような身体の変様」からである。そこに生成する強度は、受動的なものではないし、能動的なものでもない。なぜならそれは、共鳴・共振によって満たされて、その運動はなにかひとつの目的に向けられているようなものではないからである。

ある甲高い音が聞こえるとき、私の鼓膜は空気の振動と共鳴し、同時にある観念が生起する。その観念が十全であれ（母の声だ）非十全であれ（人の声かどうかも定かではない）、つねになんらかの情動の波動あるいは強度の派生をともなっている。[2] この知覚のあり方をドゥルーズはこうも述べている。「精神が物体や身体を観想するとき、私たちは精神が想像する（像を形成する＝感覚的に認識する）と言うだろう」（Deleuze, 1981=1994, 167）と。

こうしたスピノザ＝ドゥルーズの情動概念を支えるのが「意識（consciousness）」とは明確に区別される「思惟」あるいは「精神（mind）」にかんする規定であることに私たちはとりわけ注視する必要がある。「身体は私たちがそれについてもつ認識を超えており、同時に思惟もまた私たちがそれについてもつ意識を超えているということだ。身体のうちには私たちの認識を超えたものがあるように、精神のうちにもそれに優るとも劣らぬほどこの私たちの意識を超えたものがある」（Deleuze, 1981=1994, 29）。ここには「思惟」あるいは「精神」のもつ無意識の部分への着目、「意識に対する評価の切り下げ」がある。それはなにもスピノザ＝ドゥルーズの専売特許ではない。それはあらゆる知覚にはマイナスの符号がついていると指摘したベルグソン、さらに「知覚は単なる表象以上のものである」と述べたライプニッツにまで連なる思想の系譜に属するものだ。「モナドロジー」のなかでライプニッツは指摘する。「単純実体は消滅することはできないし、存続しているからには、何か変化する状態を伴っているが、これこそ表象にほかならないからである。しかし、微小表象がどれほど多くあっても際立った表象がないときには、人は茫然とした状態にある」(Leibniz, 1714=1989, 212) と。また「気絶状態から目覚めたとき自分の表象を意識するのだから、たとえ意識していなくても目覚める直前にも表象をもっていた、としなくてはならない」とも述べていた。十全な観念を形成する手前の、明確に意識化される手前の、微細な変化の像とその観念。「デカルト派の人たちが大きな誤りをおかして、意識されない表象など無いものと考えた」こととは対照的に、明晰に意識されていないまでもつねに身体が受容する微小表象を看過してはならない。

この意識を逃れているもろもろの精神の力能をはっきり認識すること、同時にそしてそれと並行的に、漠然とした知覚が意識化されるプロセスを明らかにするために、マッスミは次のように論をすすめる。「スピノザにおいて触発＝変様が意識的な反省のレベルを獲得するのは、アフェクションの観念の観念(an idea of the idea of affection)によって二重化されるときだ」(Massumi, 2002, 32) と。ドゥルーズの指摘する像あるいは痕跡の観念はあくまで触発の効果として触発する力からなにものかが差し引かれたひとつの除去(remove)を意味している。さらにその観念の観念は表現するにはあまりに豊穣な複雑性を縮減し抽象化する意識や意思のはたらきを通じてその複雑性が差し引かれた第二の除去を意味している。その点で、喜び、悲しみ、恐れ、怒り、憂鬱といった感情は質的に整序された強度、つまり意識化されるなかで意味論的・記号論的に形成されたプロセスに挿入されたものなのであり、それは質的に整序されないアフェクションとは明確に区別されねばならない。ジェームズが指摘したように、「震えるから怖いのであって」、「速くなった心臓の鼓動、浅い呼吸、震える口唇、力の抜けた手足、鳥肌、内臓の動揺、このどの感じも無いとすれば」われわれはいかなる感情や情緒も感受しない（James, 1884=1956, 116）。[3] 情動と感情、潜勢性と現働化されたことがら、この両者の間には本質的な差異が存在する。とはいえ、両者の差異を確認したとしても、現働化のプロセスがそれだけで理解されるわけではかならずしもない。どのようなコンテクストのもとで、いかなる要素の、誘因的、触媒的、トランスダクティブな混合を通して現働化のプロセスが生成するのだろうか。その実相に迫るためにマッスミは戦略的に「出来事─空間（event-space）」という概念を提起する。

六　情動とメディア

それは、サッカーのプレイであれ、政治家の身体的運動であれ、「イメージなき身体」の運動が作り出す「出来事（event）」が受容される「空間」、「出来事」を見る者の身体が触発＝変様する「空間」を指している。それはスタジアムであり、家のリビングであり、液晶の大画面が設置された路上かもしれない。ここで留意すべきは、この空間を絶えず再生産する「規則化」や「規制」が存在することである。「この変換に影響を与える規則化や規制は、それ自身の状況やポテンシャルの場をもつものとして認識されねばならない。「出来事―空間」の身体性は、それが呈するイベントの反復可能性とはまったく異なったものとして、それにふさわしいダイナミックな抽象概念、つまりそれ自体の反復可能性を統治するものによって二重化され」(Massumi, 2002, 83)ているのである。この二重化を、「規則化(regularization)」と「規制(regulation)」、「蓄積(accumulation)」と「適応(application)」、「コード化(coding)」と「成文化(codification)」、という対照的な二つの項からマッスミは説明する。後者の「規制」「適応」「成文化」は「静的なもの」に適応される「法」と考えてよい。それに対して前者の「規則化」「蓄積」「コード化」は、「社会的」「文化的」な領域で蓄積される「ルール」、無限に文章を構成可能なものとする「文法」に対応するようなものだ。

具体的に考えてみよう。「出来事―空間」であるサッカーのフィールドも実際はこの「規則化」と「規制」によって二重に捕捉され封じ込められている。腕や手にボールを当てること、オフサイド、といったサッカーの基本的なルールは「規制」にほかならない。あらゆるスポーツは「規制」に縛られている。「規制」に違反すれば「罰則」が適応される。それに対して、チームプレイを遂行するためにその都度、チームの中に蓄積され、プレイヤーに共有される「ルール」や「文法」が「規則化」である。これを守らない場合でも法的な「罰」が与えられることはない。ところで、強調しておくべきは、こうした「規制」「規則化」が抑圧や制限として単に否定的な機能をはたす、と考えてはならないという点である。ゲームの規則が適応されることで、プレイのスタイルが規定され、むしろプレイの完成度が高まる。「規制」「規則化」といった「ある種の超越性は、その効果が内在性のフィールドであるような場合において、生産的な要素となる」のであり、「ルールは超越的な介入であることをやめずに、プレイの不可欠な部分になる」(Massumi, 2002, 79) からだ。

マッスミによれば、「出来事—空間 (event-space)」もこうした「規制」と「規則化」という編制のもとに拘束されながら潜勢的な領域が開口する「空間」として考えねばならないというのだ。「出来事—空間 (event-space)」は文字通りもうひとつの「出来事 (event)」が生成する空間でもある。

たとえば、オーディエンスの興奮や失望が渦巻くスタジアムという「出来事—空間」を考えてみよう。スタジアム内へのアルコール類持込禁止。これなどは「規制」の典型的な例だろう。あるいは他方で、応援するチームのプレイヤーに対する応援や歓声のスタイル、通常の生活であればけっして言わないような「罵声」を相手方チームのプレイヤーに投げかけるスタイルやルールも存在する。これこそマッスミの指摘する「規則化」だ。プレイヤーに関する知識やチームの歴史にかかわるすでに蓄積された観客の知識や愛着といった要素もこうしたスタイルやルールの構成に深くかかわっている。スタジアムという「出来事─空間」を編制する「規制」「規則化」は、観衆の触発＝変様が表出する上で、単に否定的なものとして機能するのではなく、アフェクションの表出を触媒する重要なはたらきをなしている。「スタジアムでは、ゲームのルールの適応や、オーディエンスの反応などは、それら独自のポテンシャルのフィールドを持つものとして理解できるし、それらの固有の誘導記号によって用意されてもいる、独自の分化した変換器を持っている」のだ。

さらに言えば、このスタジアムというフィールドにおける観客の情動とその現働化のプロセスはサッカーのフィールドに立つプレイヤーに直接フィードバックされ、サッカーという競技の「出来事（event）」の強度の調整に大いに貢献するだろう。

それに対して、テレビジョン・オーディエンスの場合は明らかにスタジアムで観戦する観客とは異なっている。「家庭」という空間の「規制」「規則化」はスタジアムのそれとはまったく異なるし、そもそもメディアによる伝達ということ自体の特性が考慮されねばならない。「規制」や「規則化」以上に、メディアの伝達の特性が触発する／されるという関係にとって決定的な効果をおよぼすからである。「出来事（event）」がテレビのイメージとして視聴空間に移行し消費されるとき、それは劇的に変化するのだ。マッスミは「出来事」から「出来事─空間」への間隔（interval）で生じる変化を「イベント・トランスティヴィティ（event-transitivity）」なる概念で捉える。

まず考慮すべきは、テレビの画面に合うように、テレビの音声に合うように組み立てられた「出来事（event）」の映像は、オーディエンスに触発＝変様を喚起する、言い換えれば触媒作用を引き起こすことができるという保証をじつは最初から欠いていることだ。テレビ視聴の空間はスタジアムのように観戦が目的である空間ではけっしてない。この空間では視聴すること以外のさまざまな行動が存在し、さまざまな行動を誘発する多くの要因がある。テレビはそうした要因のひとつでしかない。テレビの映像や音声はオーディエンスの関心を引き起こすこともあれば、引き起こさないこともある。このことによく示されているように、テレビは日常生活の存在論的地平にしっかり組み込まれているのだ。また家庭という「出来事―空間」では、ザッピング、「ながら視聴」に象徴されるような、「緩さ」の状態でテレビを見るという行為が一般化してもいる。それが視聴の「規則化」として十分に承認されているわけだ。あるいは見るという行為はジェンダーによって類型化されているような家庭内の関係によっても左右されている。[4] つまり「複雑で緩やかに統合された混合物のなかの一つの要素としてのテレビを含むドメスティックな空間の多孔性において起こる集合的な表出は、高度の可変的な性格」（Massumi, 2002, 85）を帯びているといえる。だからというべきか、インターネットや新聞やラジオに媒介され侵入する数多くの情報に満ちた多孔的な空間のなかで、テレビは突然、家具が置かれた空間から突出し、自らを「部分―主体」へと構成し、オーディエンスをもうひとつの「部分―主体」として構成する「イベント・トランスティヴィティ」をつくりだそうとする。日常の空間から迫り出し、その都度リビングにいる存在をオーディエンスへと変換しなければならないのだ。キーワードはまたしても「切断（interruption）」である。引き伸ばされた映像や冗長な説明など必要ない。細かく刻まれた映像の接合、突然の音声の挿入、自然に流れていた映像や音声のリズムや運動を断ち切るシーンを多用してリビングにいる存在者の耳と目をテレビに惹きつけねばならない。スポーツ番組のハイライトシーンのコーナーが典型的だ。ゴールを決めたシーンを繰り返し流すテレビ。試合の結果はすでに知っているのに、そのシーンをあきることなく繰り返し視聴するオーディエンス。一瞬、リズムと運動が転換する、予想できなかった運動が開始される、その一瞬を見ること、そこに多くのオーディエンスは「快楽」と身体の「高揚」を感受するのだ。これまでの常識を覆すようなふるまいや発言をおこなう「政治家」のパフォーマンスの断片化した映像は、スポーツ番組のハイライトシーンと同型といわねばなるまい。意識される一歩手前で、触発＝変様の強度を構築する、映像と音声そしてテロップによるマルチモダルなメディアのイメージ、そしてそれに共振するオーディエンスの身体が、テレビの「イベント・トランスティヴィティ」を特徴づけているのである。(5)

レーガンの論理一貫しない演説は、細切れに切断された映像をつないだテレビ映像を通じて全国に伝えられるとき、それは負の価値を帯びることなく、むしろ触発＝変様の強度を高めるだろう。「強いアメリカ」を体現するレーガンの身振りの不器用さは、身振りが時間の流れにおいて顕在化するものであるだけに、テレビの断片化した映像のなかでは隠され、自信に溢れた一瞬の表情だけが、それを見る者に強いアフェクションを喚起するだろう。マッスミは次のように断言する。レーガンがポストモダンの政治においてヴァーチャルを操作化したというのは、「信頼という空気あるいは雰囲気をプロジェクト」したからなのだと。「信頼の雰囲気とは彼の政治的作法のエモーショナルな傾向」であり、「信頼とはあくまで情動のエモーショナルな翻訳」のことだ。テレビ受像機が置かれた「イベント空間」では、意味や言語や論理が問題化されるのではない。テレビとオーディエンスが出会うポテンシャルなフィールドで進行しているのは、テレビとオーディエンスの共振関係のもとで生成する情動が「なにかしら信頼できそうだ」「信頼感がありそうだ」「なにかしら彼ならやってくれそうだ」といったかたちで「情緒」や「感情」へと翻訳される、情動の現働化の過程なのである。すでに半世紀を超えたテレビはこの共振関係を作動させるためのテクノロジーを十分に開発してきたようだ。小泉政権のワンフレーズ・ポリティクスはテレビの「イベント・トランスティヴィティ」の格好の資源であり、またテレビの「イベント・トランスティヴィティ」なしに「ワンフレーズ・ポリティクス」も成立しなかっただろう。強度の触発＝変様の状態から繰り出される「イメージなき身体」のパフォーマンスはメディアを消費する「出来事―空間」のなかでまったくあらたな「出来事（event）」を成立させる。そしてそれを見聞きする者の身体に、彼らの関係に、何事かを誘発・触媒するのである。

すべては見えている、見えているからこそそのあらたな「変換＝偽装」がメディアのなかで生まれている。

七　小括――集合的な情動の調整回路

メディアのイメージが、それを見聞きする者の身体になにかを誘発する。とはいえ、それがなにか、それがなにを帰結するのかはまったく不確定である。今日生起しているのは、言語、イデオロギー、説得によって人々の行動があるひとつの目標に向かうような集合的行為ではない。あるいはそれに対抗するような集合的行動でもない。提案されたモデルが存在し、それにしたがって人々が模倣し、似たような行動を始めるといった事態が進行しているのではない。「情動に対する同じ調律に接続されることで、身体は必然的に同じ行動をするというのではなく、一致して反応するようになる。彼らの反応はたくさんの形式をとれたし、実際にたくさんの形式をとっている」(Massumi, 2005, 5)。ボールがどうキックされ、どこに飛ぶのか。それはまったく不確定だ。キックの瞬間を見た者に何が生じるのか。それもまたまったく不確定なのだ。だから、現在の、その時々で急激に変化し、予期することのできないオーディエンスの行動を政治学や社会学そしてメディア論は十分に把握、分析することができない。問うべきは、電子ネットワークによる「知覚的な刺激への自己―防衛的な反射反応は、個々人の神経システムに中央政府の活動が直接接続されて」いること、そして「知覚的な刺激が、確実な内容を伝えたり形式を再生産したりするよりむしろ、直接身体の感応性を活性化する」という事態の広がりだ。

「一九九〇年代後半のインターネットの華々しい隆盛のひとつの結果として、廃れつつあるメディアという広く行き渡った考え方が誤りであることを確信させるように、危機の時代にテレビは再び情動の自然発生的な大衆調節のための知覚上の焦点となっている。地上波テレビは、情報源としても家族の娯楽の要としてもウェブに取って代わられたが、実際、社会的に決定的な転換点において、集合的な情動の調整のための特権的な回路として復活する役割を取り戻した。テレビは「出来事（event）」のメディアとなった」。

社会の「出来事―メディア（event-media）」としてのテレビ。情動を調整する自発性を捕捉するメディア。メディアと身体の共振関係による自発性の捕捉は、自発性をなにか自発的でないものへと変換するだろう。あらたな「変換＝偽装」のテクノロジーの開発。メディア研究はこの事態を精緻に分析するための理論の構築と経験的検証の双方を要請されている。(6)

注

（1）すでに本文で述べたように、精神盲の患者は、潜勢的な領域から切り離されているわけではなく、逆にその領域への開口部をもっていると本章では考えておく。患者は「純粋な刺激」を意識化する回路が失われているのであり、その回路の代替物が予行練習運動と考えられる。正常な被験者は「純粋刺激」に反応し、それを意識化して、その上でハビトゥスの運動を組織するのに対して、精神盲の患者はその「中間」の過程に障害をもっているのだ。この点を前提した上でいえば、患者も正常な被験者も潜勢的な領域への開口部をもっている点で、またいったん現勢化されて身体図式が構築されたその先に、ふたたび意識することもなしに無意識に運動がはじまる構造をもっているという点で、両者に基本的な差異はないと考える。

（2） ここで触発＝変様というプロセスが生理学的な反応としての自然なプロセスであると考えてはならない。他者のまなざしに「身が縮み」、羞恥心を感じるプロセスが自然的な、生理的な過程であると思われるかもしれないが、それが他者の強圧的な差別意識と怖さに起因するプロセスである可能性を孕むことが示すように、「身が縮む」「身体が震える」といった身体に生じる強度でも、それはたんなる生理的な前社会的なことがらなのではない。触発＝変様は社会的なエレメントを内包しているのだ。そのことが強調されねばならない。触発された身体の像やその観念、さらにその観念の観念は、過去の反応とその反応を生み出した社会的文化的なコンテクストとともに記憶され、フィードバックされるからである。

（3） 本章では十分に展開する余裕はないが、現働化の過程が「アフェクションの観念」から「アフェクションの観念の観念」へ進行するといった一方向的なものではなく、常に再帰的・自己言及的な回路をもっていることに留意しておきたい。ジェームズが「ある感じを予測し、予測が到来を早める」と述べた事態である。既に血を見て気を失った人は、外科手術の準備を見て制御しがたい不安をいだき、身体の震えをおぼえることがある。「恐怖そのものの恐怖」が生まれる場合がある。スタジアムで生起するだろう歓喜を想像するだけで身体の活動力能が促進され「力がみなぎる」場合もこうした事例のひとつと考えてよい。この問題はマッスミの論文（Massumi, 2005）で詳しく検討されている。

（4）　アフェクションの現働化のプロセスが言語化のプロセスに依拠するものであるかぎり、それが社会的文化的な規定性から逃れることができないことは明らかだ。テレビ映像に対してキャスターのコメントがはたす機能、テレビを前にした家族の会話は、「出来事―空間」の「規則化」の問題として、あるいはアフェクションの現働化の具体的なプロセスとして、あらためて分析されるべき課題だ。

（5）　耐震偽装、偽装請負、食品表示偽装など、一連の偽装問題を伝えるテレビの報道スタイルもこのスタイルを踏襲しているようにみえる。「あってはならない」「あるはずがない」ものとして現実を措定し、その現実が「断ち切られ」「切断された」ことが強調されるわけだ。一般的に「安定」した「平穏」な現実がテレビ的に措定される一方で、その現実から逸脱した予想もできない「運動＝犯罪」が発生したことを映像や解説やテロップが強調するテレビ的なスタイルでは、「なぜそうした偽装が生まれるのか」「なぜそうした凶悪な犯罪が生まれるのか、その原因や背景はなにか」といった問題は後景化され、「平穏」であるとテレビ的に想定された現実と犯罪や偽装が存在するという実際の現実との落差それ自体が伝えられるのだ。落差それ自身が強調されるとき、強烈な情動が生まれ、「なにしてるんだ！」という怒りの感情が暴発するだろう。

（6）　私自身は、情動、運動、という概念を中核に据えたメディア研究・メディア文化研究の再構築が必要であると考えているが、その再構築がもつ方法論的意義については拙稿（伊藤 2007）で簡潔に指摘している。

第四章　メディア相互の共振と社会の集合的沸騰
――二〇〇七年「亀田父子」問題にみる「民意」

歴史的事実をその名称と日付をつうじて眺めるとき、われわれに見えるのは、さまざまな発明や模倣によって引き起こされ、加熱させられたさまざまな特殊な欲求である。それぞれの発明はひとつの点として出現し、恒星のようにたえず光を放射する。その放射された光は、互いに類似した幾千もの波動と調和的に交錯するが、その多様性はけっして混沌としたものではない。

ガブリエル・タルド『模倣の法則』（1985=2007）

代補や保存を押しつぶす状態では、テレビはコンセンサスそのものになる。テレビとは、無媒介的に社会性を帯びてしまう技術であり、しかもこの技術は社会的なものにたいするズレをまったく許容しない。テレビとは、純粋状態におかれた社会性と技術性のことなのである。

ジル・ドゥルーズ『記号と事件』（1990=1992）

一　情報現象としての「亀田父子」問題

二〇〇七年、この年も多くの出来事があった。多くの人はその筆頭に安倍内閣の突然の退陣をあげるだろうか。では次はなにか。防衛省事務次官の逮捕だろうか。ふたたび新潟を襲った地震による大きな被害そして柏崎刈羽原発の事故だろうか。あるいは年金問題、食品メーカーによる数々の偽装だろうか。いくつもの回答が考えられる。だが、少なくない人々が「亀田父子」問題に言及するのではないだろうか。とはいえ「亀田劇場」「亀田騒動」と形容される一連の事態から私たちはなにを考え、なにをどう思考すればよいのだろうか。

それ自体は二〇〇七年に起きた重要な出来事から見れば些細なエピソードともいえる。だが、このエピソードを、その出来事の中心にいた亀田父子、日本ボクシング・コミッショナー、そしてなによりテレビ、インターネットとそのオーディエンスなりユーザーというさまざまな振動源から発せられる情報の波動の広がりとして、あるいは振動源から生じる「加熱されたさまざまな特殊な欲求」の配列として理解するとき、それらは独特の生きた運動状態にあるひとつの全体となって、メディアに媒介された集合意識ないし集合的沸騰が生成する動的なプロセスを垣間見せたのではないだろうか。些細な出来事とはいえ、考察に値すると考えるのは、そうした理由からである。

ネットワーク化された一台一台のパーソナルコンピュータやモバイルメディアは、タルドの言うように、「ひとつの点として出現し、恒星のようにたえず光を放射」しながら、テレビというもうひとつの振動源と共振し「互いに類似した幾千もの波動と交錯する」複雑な社会環境を組織している。[1]それは一九八〇年代にドゥルーズが「映画らしきものをつくるのをやめ、ヴィデオ、エレクトロニクス、デジタルの映像を相手に独自の関係を張り巡らすことによって、新しい抵抗運動を考案し、テレビがもつ監視と管理の機能に対抗できるようにならなければならない」と指摘した八〇年代の「テレビ時代」にはほとんど予想できなかった新たな事態だ。たしかに彼が述べた「第二の映画の死」という差し迫った現実はいまこそ再考されるべきだ。しかし、ドゥルーズが見た「現実」以上に、事態は進展(あるいは悪化?)しているのではないか。いま、社会的コミュニケーションをめぐってなにが生じているのか。

二 コミュニケーションの触媒、資本としての「亀田父子」問題

すでに二〇〇六年八月から「亀田父子」はメディア・コミュニケーションにおける格好の情報であり、「ネタ」であり続けてきた。八月二日におこなわれたWBAライトフライ級タイトルマッチ、ファン・ランダエタ(ベネズエラ)と挑戦者亀田興毅との試合、その視聴率は四二・四%であった。二〇%を超えれば高視聴率といわれる現在のテレビ視聴の実態から言え

ば、きわめて高い視聴率である。結果は「疑惑の判定」との指摘が試合後数々のメディアでなされたように、二対一の判定で亀田が勝利したことに誰もが異議を唱えたくなる内容だった。すでにこの時点で中継をしたＴＢＳに対しては、実況中継を担当した解説者とアナンサーの「亀田寄り」とも取れるコメントや、判定自体への圧力などの風評を含めて、批判やバッシングが吹き荒れた。こうした批判に応えるかのように、あるいは挑戦するかのように、再戦するとの意向が亀田側から示され、一二月二〇日にファン・ランダエタとの対戦が組まれる。多くの批判を浴びた後の再戦試合ではあったが、三対〇の判定で勝利したこの試合の視聴率は三〇％強を叩き出した。しかし、亀田人気はその後に低落、二〇〇七年三月におこなわれたＷＢＣフライ級一二位のエベラルド・モラレス（メキシコ）との試合、亀田興毅にとってはプロデビュー以来一四戦目にあたる試合では視聴率が一二％となる。つづく五月の東洋太平洋ライトフライ級二位のイルファン・オガー（インドネシア）との試合でも一四％の視聴率であった。ノンタイトルの試合で一〇％を超える視聴率はさほど低いとはいえない。しかし、ファン・ランダエタとの再戦に勝利したとはいえ、亀田興毅のボクサーとしての実力に対する評価が下がり、派手なパフォーマンスへの風当たりも影響して、人々の関心が次第に失せていったことは否めない。こうした時期に組まれたのが、興毅の弟・大毅の世界ボクシング評議会（ＷＢＣ）フライ級タイトルマッチへの挑戦だった。

ここに至るまで、ＴＢＳが決定的な影響力を行使してきたことは、すでに指摘されている通りである。いかなるスポーツ界であれ、どんなスポーツ・イベントであれ、今日メディアを離れてはスポーツを語ることができない状況が成立している。メディア側にとっては、多様化したオーディエンスの嗜好に応えながら、多くの人々の関心と興味をひきつける上で、スポーツにかかわる情報は格好の文化資本である。オリンピックは言うまでもなくサッカーのワールドカップといったグローバル・イベントや国内のサッカーやバレーの試合まで、スポーツ・イベントはグローバルな巨大企業がスポンサーとして支払う高額の広告費を期待できるもっとも魅力あるコンテンツのひとつだからだ。

亀田興毅のプロデビュー戦がおこなわれた二〇〇三年一二月二一日の試合を中継したのはフジテレビ系列の関西テレビである。デンナロン・シスソバ（タイ）を一ラウンド四四秒でKO勝ちしたこの試合の後、TBSはドキュメント番組『ZONE』で、このデビュー戦で鮮烈な印象をのこして勝利した亀田興毅を取り上げ、二〇〇四年に入るとプロデューサーが亀田史郎のもとを訪れてすぐさま放映契約を獲得したという。(2) 当時、日本プロボクシング協会のなかでもっとも有力な「二大ジム」（協栄ジム、帝拳ジム）のひとつである協栄ジムに所属し、看板ボクサーだった佐藤修と坂田健司のダブル世界戦をTBSはゴールデンタイムで放送した。しかし、その視聴率は六・九％という散々な結果に終わる。こうした状況を打開するための有力な資源として亀田兄弟にTBSがアプローチしたのである。その後、ドキュメント番組『ZONE』のスタッフがそのまま引き継いだ番組『バース・デイ』に亀田兄弟はたびたび登場し、かれらの「サクセスストーリー」が説話的な物語として語られていく。大阪あいりん地区を抱える西成区で育ち、中学卒業後一人暮らしで解体や土木の作業をしていた父・史郎が「新日本大阪ボクシングジム」に入門したのが一九歳、しかし数年でボクサーになる夢は破れ挫折、その夢を息子たちに託して厳しい指導をはじめ、離婚という苦難を経て、ようやく新聞にも書かれテレビにも出演できるところまで来た、というサクセスストーリーである。オーディエンスがこの父子のストーリーになにを見たのか、それは定かではない。だが、「父のスパルタ教育の背後にある父子のきずなと愛情」をアピールした語りや「ヒール」を装う亀田兄弟に対する過剰な演出によって視聴率は次第に上昇する。移籍金三〇〇〇万円で大阪のグリーンツダジムから東京の協栄ジムへ移籍したのはこのテレビへの露出が頻繁となった二〇〇五年春の時期のことである。そして二〇〇六年五月におこなわれたカルロス・ファハルド（ニカラグア）との試合では、ついにゴールデンタイムに進出、二三％の視聴率に達する。その次の試合、ファン・ランダエタとのタイトルマッチでは、前述のように、平均で四二・八％の視聴率までになる。

こうした亀田父子の「露出度」の高さ、メディア・コミュニケーションの回路における情報流通の頻度の高さを、ＴＢＳを含めたメディア側の問題としてのみ語ることはもちろんできない。スポーツ評論家の多くが指摘するように、野球、サッカー、あるいは格闘技の後塵をはいして長期の低迷に悩むボクシング界の建て直しのために、「金の稼げる選手」や「有力ジム」に有利なかたちでのコミットを繰り返す日本ボクシング・コミッショナー（ＪＢＣ）の戦略や巨額の放映権料を手にする有力ジムの思惑もある。いずれにしても、メディアとボクシング・スポーツ界の経済的利害が一致したなかで成立した今回の問題は、ボクシング界という一部のスポーツ界の問題ではなく、スポーツとメディアとの間にある構造的問題として把握されるべきものだ。

しかし、メディア現象としてみるとき、「亀田父子」問題はこれまでも繰り返し指摘されてきたこうした構造的な問題には解消できない、ある独自の特性ないし性質をもった現象として成立したのではないだろうか。「亀田父子」という情報ないし商品が社会的フィールドに投げ込まれ、それが大きな波動の広がりを生み出していく過程はあまりに複雑で、その特性を明らかにすることはけっして容易なことではない。とはいえ、新しいメディア環境の複雑さを解き明かす糸口がそこに見つかるかもしれない。考えてみたいのは、社会における情報回路が多次元化するなかで、短期間のうちに特定の情報伝達の密度が急激に上昇するとき、そこでなにが生成するのかという問題だ。デジタル・メディアと接続された身体と身体相互で交わされるコミュニケーションは、これまで想定されてきたコミュニケーションとは異なる創発性をもちえているのではないだろうか。

三　一〇月一一日、WBC世界フライ級タイトルマッチ

二〇〇七年一〇月一一日、WBC世界フライ級タイトルマッチ、王者内藤大助と挑戦者亀田

大毅との試合は平均視聴率三〇％、瞬間最大視聴率は四〇・九％であったという。その内容については繰り返すまい。タイトルマッチに出場できるほどの実力のない亀田大毅の、大差の判定負け、という惨めな試合だった。一二ラウンドにレスリング行為で三点の減点を受けるなど目に余る反則行為が続き、私自身見るのが辛くなるほどだった。しかし、この試合内容それ自体のほかに、別の問題が浮上することになる。当日の試合の実況中継を担当したＴＢＳのアナウンサーと解説者のコメントがあまりに亀田側を擁護するものだったからである。内藤が出血したあとのリングで「内藤の瞼の上を狙っていきたい」との実況アナの発言は「偏向報道」としてインターネット上ですぐさま批判とバッシングの対象となる。後日、中継番組の解説者だった元ＷＢＡジュニアバンタム級チャンピォン鬼塚勝也も自らのブログで「自分の解説が亀田選手に偏りだした」と述べたように、二人の発言は公平性を欠くものだった。そのために、試合中から翌日にかけてＴＢＳに対して、一五〇〇件以上の問い合わせや苦情の電話があったという。「疑惑の判定」と騒がれた二〇〇六年八月二日のファン・ランダエタ（ベネズエラ）と亀田興毅の試合をめぐって、ＴＢＳに対して五〇〇〇件以上の苦情電話があったことと比較すれば、その数は少ないものの、試合内容そのものとともに、テレビ内容への批判が相次いだのである。

試合の翌日の一〇月一二日から、新聞、週刊誌、テレビのワイドショー・情報番組、そしてネットのニュースサイト、２ｃｈ、ブログなど、あらゆるメディアが「亀田父子」問題でますます「加熱」していく。「ひじでエエから目に入れろ」という興毅の発言や史郎の反則を指示する発言が一般に知れわたったからだ。試合当日の一一日の2ｃｈでも、「亀の切腹中継はまだかぁ」といったスレッドに代表される三〇〇〇以上の書き込みが二時間ほどの間に流れたが、一二日にはこの興毅と史郎の発言でますます「加熱」し、一一日以上の盛り上がりを見せていくことになる。各週刊誌もこの試合の前後から約三週にわたり集中的にこの問題を取り上げた。

『週刊朝日』は一〇月二六日号では「目に余る亀田大毅びいき、ＴＢＳの実況は〝切腹モノ〟」という小見出しのついたコラム記事だったが、一一月二日号の表紙では「ワイド特集亀田一家に関する異論、疑問、暴論を一挙掲載！」の見出しで、一一月九日号では「興毅の会見は本物か？『亀田騒動』最終章」のタイトルで、それぞれ六ページの紙面を使う二週連続の特集を組んだ。『週刊文春』も一〇月二五日、一一月一日の二週にわたり、「総力特集自壊するヤンキー帝国　亀田一家滅亡」、「徹底追及第2弾亀田一家反省の色なし」と題する特集号を組む。この二誌と比較すればそれほど大きな扱いではなかったが『週刊新潮』も「ワイド特集インモラル」のトップで「今や亀田問題の元凶と罵られる「功労プロデューサー」」と題する記事（一一月一日号）、「ワイド特集マユツバ人大辞典」で「亀田興毅に同情が集まった「井口レポーター」のイヤな感じ」（一一月八日）という見出し記事を掲載した。

亀田問題にかんする情報がさまざまな振動源から発して、その波動が折り重なり複雑な波形をつくりだしていくように、あるいは体内を循環する血流が動脈から末端の毛細血管へそして静脈へと流れていくように、あらゆるメディアが相互に触発し合い、連結し、共振しながら、「亀田問題」を伝達し、彼らを批判し、バッシングする構造が生まれたのである。しかもその過程で情報が新たな情報を生産し、消費する回路が生成していった。神経の末端に位置する細胞までもが、絶えず流れてくる情報＝血液に刺激されて、熱をおびていくように、社会のあらゆる領域が「加熱」され、「沸騰」する状態が生まれたのだ。

一〇月一五日、日本ボクシング・コミッショナーは亀田史郎に対する「セコンドライセンス無期限停止」の処分、亀田大毅に対しては「ボクサーライセンス一年間停止」の処分、協栄ジムの金平会長に「クラブオーナーライセンス三ヶ月停止」の処分、興毅には「厳重戒告」の処分を下す。そして、一〇月一七日におこなわれた亀田史郎、亀田大毅の「謝罪会見」、メディアはいっせいにこの会見の様子を伝え、ネット上でもこの話題で埋め尽くされた感があった。こうしたなかで、一〇月二六日、亀田興毅による「代理会見」がおこなわれたのである。

一〇月二六日の『朝日新聞』の朝刊のスポーツ欄18面には「亀田兄弟　再スタート」「長男・興毅、きょう謝罪会見」のリード付で四段にわたる記事が掲載された。会見の結果を伝えるのではなく、その当日の朝に予定されていた会見を前提に「亀田兄弟には新たなスタートを切る節目ともなりそうだ」との観測記事が掲載されたわけだ。また、「父離れ子離れが始まる」とのリードをつけた前日の金平会長の記者会見の様子も記載されている。スポーツ紙にいたっては、十分予測されたことだが、各紙とも二六日のトップの紙面を飾ったのは亀田問題である。この問題で一色に覆われたといってよい。『日刊スポーツ』の紙面は、亀田史郎の大判写真とともに大きな字体で印刷された「謝罪拒否」「亀父」「廃業」の文字が躍り、「きょう、興毅が代理会見」というリードが目に入る。誰もがこの問題に向き合ったのだ。そして、朝の情報番組、スポーツ紙、一般紙で亀田会見のニュースを耳にし、記事を読んだ、オーディエンスや読者が仕事を開始する時刻、通勤電車の中でそのニュースにサラリーマンが目を向けた時刻、あるいはワンセグで会見の様子を見ようと携帯電話を取り出した時刻だろうか、予定の午前九時を何分か過ぎた時刻に興毅の会見がはじまった。

四　興毅の「顔」と「民意」の豹変

TBSを除く民放各局（日テレ、フジ、テレ朝）は朝の情報番組で協栄ジムを会場におこなわれた会見の様子を伝えた。取材陣は二〇〇名以上、設置されたテレビカメラが一五台、二〇本以上のマイクがテーブルに置かれた公の場に、前日の二五日に丸刈りにした頭とネクタイとスーツの正装で、一一日の世界戦以降はじめて姿を見せた興毅選手は、開口一番、以下のような謝罪の発言を披露した。「皆さん、遅れて申し訳ありませんでした。いろいろとご迷惑をおかけしてほんまに申し訳ありませんでした。まず内藤選手におわびしたいです。自分も含め、大毅とおやじの言動などいろいろと反省しています。自分たち亀田家のせいでボクシング業界のイメージが悪くなって、ボクシング関係者の皆さん、ファンの皆さんに申し訳ありませんでした。亀田家を代表しておわびしたいです」と。八〇分近くに及んだその会見内容を精緻に分析することが目的ではないが、いくつかの特徴を記しておくことは無駄ではないだろう。

会見の席の映像として一般的なものではあるが、その会見の冒頭から最後の興毅が涙ぐんだシーンまで、何台ものカメラがシャッターを切る音とフラッシュをたく音が鳴り響いた。「カチャカチャカチャ」「カチャカチャカチャ」と響く音である。またフラッシュの明るい光が興毅と金平会長の「顔」を一瞬一瞬照らすシーンも繰り返された。こうした音や光は映像上のノイズだろうか。もちろんそうではない。この会見の「重大さ」「国民的な関心ごと」であることを強く印象づけるものだ。一九八六年生まれの二〇歳の青年の会見が一大事件であるかのように……。彼が発言し、彼の表情の変化が生まれるたびに、「カチャカチャカチャ」と響く音と、まぶしいほどに感じる強い光線の、断片的ではあるけれども継続的な身体的受容は、見るものの身体に何かを触発せずにはおかないだろう。そしてさらに、次の瞬間にまた響くであろう「カチャカチャカチャ」という音とまぶしい光を受容する際に生ずる強度を自ら待ち望み期待する身体感覚もつくりだされていくだろう。見ていた者は他の番組にチャンネルを変えることなどできなかったはずだ。

会場に現れた興毅の「顔」はこれまでとは大いに異なっていた。派手なパフォーマンスで「ヒール」を装っていた表情は影を潜め、前をじっと見つめ、質問になんとか答えようとし、しかしなかなか言葉を見つけ出せない、二〇歳の青年の「顔」がそこにあった。テレビ画面は終始、その彼の「顔」を撮り続けた。目の奥に滲んだ涙をこらえ、こみ上げるものをぐっとこらえる表情、時にはその涙がこぼれ落ちてしまいそうな表情、唇を真一文字に噛んで堪える表情、厳しい質問に窮して戸惑い、困惑した表情、意表をつく質問に反応することすらできず一瞬無表情にすら見える表情、それら無意識のうちにその顔が見せる表情の変化をテレビのカメラは無造作とも思えるほどにただただたんに映し続けた。一台のカメラで極端なアップやミドルショットを使いながら撮り続けた。微妙に変化し続けるその「顔」の運動＝表情は、夕刊の新聞紙面を飾った会見の際の彼の顔写真では、到底伝え得ないものだ。演技ではない、無意識のうちに繰り出される表情の変化＝運動はそれを見るものの身体に強度の触発＝変様を生み出す。

厳しい質問への返答も彼の必死さを伝えていた。そして、父・史郎へのひたむきな思いも。

――史郎氏が来なかったが。

興毅：おやじは全部悪いと言っていました。お前らもこれからもっと強くなれと。「オレが出て行ってややこしくなったらあかん。お前らに迷惑をかけるかもしれんし、ややこしくなってもあかん」と言われた。

――史郎氏は反則指示について何と言っているのか。

興毅：言い訳はせえへんと。

――興毅選手自身も「ひじでもいいから目に入れろ」と言ったことに間違いはない？

興毅：はい、頭が真っ白になっていました。正直、あの試合のことを覚えてもいないし。ただ、映像に残っているし、反省しています。

――これまでのパフォーマンスについては。

興毅：行き過ぎがあったと思います。パフォーマンスというのは本来、試合に向けて作戦とかがあります。「ビックマウス」とか言われて、だんだん大きくなってしまいました。

――パフォーマンスは史郎氏のアドバイスか。

興毅：全部自分で。

相手にプレッシャーをかけるためにやったこともあります。テレビ局とかはまったく関係ないです。こうやったら面白いかな、盛り上がるかなとか考えて、がんばってきたつもりです。

――大毅選手の状態は？

興毅：ずっとあんな状態が続いているけれど、立ち直ってくれると信じている。兄弟三人、皆でチャンピオンになりたい。それが、おやじへの恩返しやし。

質問に答える亀田興毅は、一瞬詰まってしまい、金平会長が間に入り、発言するための時間的余裕を与える場面がたびたびあった。だが上記のように、質問のポイントを意図的に外すこともなく（外すことなどできなかったのかもしれない）彼のことばは率直なものだった。

会見のクライマックスは、もちろん最後の質問、「史郎氏への思いは？」と聞かれた時だ。「小さい頃からここまで育ててくれたのはおやじやし、感謝しています。今ここにいるのはおやじのおかげ。みんなは悪いようにいろいろ言うけれど、世界一のおやじだと思っているから」。亀田興毅は、言葉に詰まり、涙ぐみながら答えた。カメラはアップで彼の「顔」を捉えていた。この会見のシーンを見ながら、私は、「セルジュ・ダネへの手紙——オプティミズム、ペシミズム、そして旅」と題された小論のなかで述べたドゥルーズのことばを想起せざるをえなかった。それはすでに『シネマ』を書き終えた彼が、彼にしては珍しく、テレビに直接言及した箇所だ。

映画的時間とは流れさる時間ではなく、持続し、共存する時間だからです。そう考えてみれば、保存も、けっして些細なことではなくなる。保存とは創造することであり、休みなく〈代補 supplement〉をつくりだすことであるわけです。（そしてこれが自然を美化することにも、自然を精神化することにもつながっていく）。〈代補〉の特性は、創造される以外の道がありえないということであり、これが美学的ないしはノエシス的機能となるわけですが、この機能自体〈代補〉の性格をもっているのです。……では、これと同じく、〈代補〉の、あるいは保存による創造の力を、どうしてテレビには認めてはならないのか？　原則的にはそうしてはならないという理由はどこにもありません。映画とは別の手段を使うことによって美学的機能があらわれたとき、それを（ゲームやニュースといった）テレビの社会的機能によって押しつぶすことがなければ、テレビに〈代補〉や保存による創造の力を認めることはじゅうぶんに可能であるはずです。しかし、〈代補〉や保存を押しつぶす状態では、テレビはコンセンサスそのものになる。テレビとは、無媒介的に社会性をおびてしまう技術であり、しかもこの技術は社会的なものに対するズレをまったく許容しない。テレビは純粋状態に置かれた社会性と技術性のことなのです。(Deleuze, 1990=1992, 126-127)

映像は切断と〈つなぎ〉の一義的順序にしたがう連鎖をはなれ、「切断を超えて〈つなぎ間違い〉のなかに取り込まれ、たえず繰り返され、修正される連鎖の組み換えに支配されるようになった」(Deleuze, 1990=1992, 120)。ドゥルーズの指摘する「自然の美化」と形容された戦前の映画群から「自然の精神化」と形容される戦後の映画群の映像の体制への変容である。そこでは映像の一コマ一コマの切断と〈つなぎ〉を通じた新たな知覚と創造の空間が立ち現れる。しかし、問題は、その後の、彼が戦後の「第二の映画を殺しかねないところまで来ている」と述べる「テレビの時代」だ。この記述が述べているのはあくまで「シネマ」の「後」の映像の問題である。テレビにも、原理的にいえば、〈代補〉と保存による創造の力がある。しかし、過去と現在を共存させる切断と〈つなぎ〉の保存の契機を欠いた、さらには切断と〈つなぎ〉という between に差し挟まれる思考、あるいは中継地点を欠いたテレビは純粋状態に置かれた社会性と技術性のみを伝達する。そこでは「テレビから新たに映画が死ぬ危険が生まれている」

（Deleuze, 1990=1992, 128）と。そう述べたドゥルーズの記述を私は思い起こしたのだ。

一時間を越えた亀田興毅の、中継地点も、文字通り〈つなぎ〉もない会見映像は、まさしく「無媒介的に社会性をおびて」しまったテレビ、「社会的にものに対するズレをまったく許容しない」テレビ、「純粋状態に置かれた社会性と技術性」としてのテレビを示していた。

そこにあるのは、知覚イマージュ、情感イマージュ、行動イマージュの連鎖ないし合理的接合でもなく、あるいはそれらイマージュの非合理的接合ですらなく、ただたんに情動イマージュらしき映像がだらだらと持続する、構成なき映像の姿である。まさに純粋状態に置かれた社会性と技術性……。だからといって、この映像がなにもなしえていないというわけではけっしてない。むしろ、こうした映像だからこそ、見るものの身体になにごとかを触発するのだ。興毅の身体が見る者の身体を触発しアフェクションをつくりだしていくのだ。見る者の身体の潜勢的なプロセスが現働化され、言語化されるとき、彼／彼女の身体に生成したアフェクションは翌日の新聞や週刊誌が伝える次のような言葉として現れるだろう。「公の場で初めてさらす繊細な『素顔』であった」と。(3) あるいは、これまで史郎の発言と振る舞いを批判し続けてきたやくみつるの以下のような言葉として表出される。「謝罪会見というと最近は政治家とか食品メーカーとかどうしようもないものばかり。それに比べれば、非常に真摯な会見。ちょっとビックリ」であった、と。

これこそ、ドゥルーズが「管理にもとづく新たな権力が無媒介的で直接的なものになるときの形態」がテレビにほかならないと指摘した事態だろう。メディアを媒介にした目には見えない広範囲の「共感の共同体」「親密圏の共同体」が一気に形成されるのだ。さらに言えば、こうした事態は、なにもこの会見報道にのみ見られるわけではなく、殺害事件の被害者家族の映像、政治家の出演する政治ショー番組などいたるところで顕在化しているといえるだろう。

いずれにしても、この会見を契機に、興毅と亀田父子をとりまく「空気」が一瞬のうちに変容した。翌日の『日刊スポーツ』の一面は「父離れ初戦いきなり『世界』」「興毅VS内藤」と書かれた特大の文字。父・史郎が会見場に現れなかったことで「けじめ」が済んだのか疑問が残るとしながらも、次のスタートに向けて彼の謝罪を認める、というこのスポーツ紙のスタンスは各紙とも共通したものだった。テレビのワイドショーもこの会見を受けて翌日には、会見のVTRを流し、誠実な謝罪がなされたことを強調し、なかには興毅が実際には亀田家のなかではもっとも繊細な人間で、大阪時代は「ほんまにいい子やった」という町の声を流しはじめた。緊急電話アンケートの結果を報じ、七割を越えていた「亀田父子」への批判が一転して、興毅への同情や今後の活躍を期待する割合が批判を大きく上回ったことを伝えるメディアもあった。日本ボクシング・コミッショナーの事務局にも会見の翌日には、一〇月一七日の大毅と史郎の「会見」に対する「抗議」はまったくなく、興毅に同情する電話が続いたという。

繰り返し指摘するならば、興毅と亀田父子をとりまく「空気」はこの会見を契機に一変する。メディアの対応も、そして人々の「亀田父子」問題にかんする「民意」も一気に変化したのだ。

五　テレビとネットの共振関係と情動の触発

ネットでは、この問題をめぐって、前述のように、膨大な量の書き込みがなされた。その内容の詳細を再現することなど不可能だし、その必要もない。ただ、以下の点だけは押さえておこう。ひとつは一〇月一一日の内藤と大毅との試合当日のスレッドの数や翌日一二日の「ひじでエエから目に入れろ」発言発覚のスレッドの数を凌駕する多数の書き込みが二六日の「謝罪会見」当日から翌日にかけておこなわれたことだ。「放送免許を取り上げろ」というTBSを批判するスレッドを含めて、2chで見る限りでも一〇〇〇件書き込めるスレッドが次々に閉鎖され、一万を超えるまでになる。「ここまでやらぁ充分だろう」「同情を買う演出だけ。具体的な反省も謝罪もしていない」「茶番」「亀田はよくがんばった。感動した」「なんだか会見以降2チャンネラーで批判がへっている」といったさまざまな書き込みがある。ただそれ以前と違うのは、亀田批判が圧倒的だった書き込みのなかに、興毅を擁護する、あるいは彼に同情的な書き込みが紛れ込むようになったことだろう。いずれにしても、三〇字に満たない文章のなかに、会見の映像を見て触発されたアフェクションが現働化され、特定の感情の表出となって、それら膨大な数のスレッドが高速で他の無数の振動源に移動していったのである。

第二の特徴は、「井口の質問がウザイ」というスレッドに代表される会見場におけるレポーターの実名批判が短時間で「加熱」したことだ。会見の映像が流れる時間と同時に、ネット空間では質問するテレビ局のレポーターへの非難とバッシングが同期的に現象したのである。「亀田史郎がなぜこの会見に来ないのか」、「来ないことを興毅自身がどう考えているのか」、「反則行為をはっきり認めるのか」、「反省していますという言葉では認めたことにはならないのではないか」といった執拗に繰り返されるレポーターの質問と口調がその標的だった。それは活字では表現できない、テレビメディアに映し出された興毅の「顔」とその「顔」に向けたレポーターの「声」のトーンや口調からはじめて感受できるものだからだ。私自身は、それを威圧的だとは思わなかった。だが、会見の経過を見ていたネット・ユーザーの身体はこうしたレポーターの振る舞いに触発され、強度の怒りや不満を爆発させたのである。後日、この問題は週刊誌でも大きく取り上げられる。会見の模様を描写したことばをそのまま使うならば、興毅とレポーターは「被告」と「検事」のような関係だったとの形容がなされている。(4)

ネット・ユーザーの身体は、一人で謝罪会見をおこなった興毅の身体になにほどか共感し、それとは対照的にレポーターの言葉と彼の声のトーンや厳しいと感じさせる口調、語調に触発され、一気にバッシングの言葉を交換し合ったのである。むしろ、正確に言えば、レポーターの強権的と感じられるような立ち振る舞いと相関して、興毅への共感の度合いが高まったのかもしれない。どちらにしても、ここで指摘すべきは、前述したように、こうした事態は活字メディアでは絶対に生じないということだ。「純粋状態に置かれた社会性と技術性」としてのテレビが映し出した映像にオーディエンスが反応し触発されたからこそ、こうした事態が生成したのである。しかし、それにもかかわらずここで忘れてはならないのは、当然のことながら、テレビというメディアがつくる波動がこの出来事の成立にとって不可避であったとしても、それだけではこうした事態はけっして生まれなかったという点だ。言うまでもなく、テレビとインターネットが同期的に作動するメディア空間、この新たな空間が存在したからこそ、こうした事態が一気に成立したのである。

私たちはすでに、YouTubeなり、ニコニコ動画なり、映画や番組そしてプライベートな映像まで含め、圧倒的な量の映像を再現し手にすることができる環境に置かれている。なかでも動画を見ながらコメントをつける機能を備えたニコニコ動画はこの一年足らずの間にYouTubeを抜いてもっとも多いアクセス数を記録していると言われている。注目すべきは、ある映像あるいは番組に、ある個人のコメントが記されると、すぐさまこのコメントに別の個人のコメントが次々に表示される機能がついていることだ。それはネット空間における映像の「共同視聴」の可能性を示している。つまり、テレビとインターネットが同期的に作動し、ネット・ユーザーが相互に作用しあうチャンスが拡大しているのである。

もしインターネットが存在しなかったならば、と想像してみよう。会見場のレポーターの振る舞いが癇に障る（まさに身体が触発＝変容する事態を言い表すことばだ）としても、それは茶の間かリビングにいる者どうしの茶飲み話にしかすぎないものとしてこれまでであれば閉じた空間で流通するにすぎなかったはずだ。だが、テレビとインターネットが同期的に作動するメディア空間では、複数の、あるいは無数の振動源から情報が放射され、そこから生じる波紋が螺旋状に渦を巻きながら交錯する状況が生まれる。この「亀田父子」問題の現象に私たちが見るべきは、こうしたメディア相互の共振関係の存在である。

2chのなかに「ワイドショーには金のなる木の亀田一家、マスコミはまったく反省していない。TBSだけではない。マスコミ全体が反省していない」という書き込みがあったが、実は、この書き込みを含めて数万に及ぶネット上の書き込みもまた「亀田父子」の問題を書きたてることで複雑な波動を引き起こす無数の振動源のひとつとなっているのだ。再度、強調しておこう。既存の新聞や雑誌を含めてもいい。それに加えて、テレビとインターネットが同期的に作動する現在のメディア空間が存在したからこそ、こうした事態、集合的沸騰とでも呼びたくなるような「加熱された欲望」の噴出という事態が一気に成立したということだ。

六　メディア媒介的な「集合意識」「集合的沸騰」の生成

集合意識、集合的沸騰といった概念をここで持ち出すことに疑問をもつ読者もいるだろう。言うまでもなく、これらの概念は、デュルケームの『分業論』や『宗教生活の原初形態』に登場する彼の社会理論の根幹を成す概念であるとともに、とりわけ集合的沸騰は「宗教的経験」

や「聖なるもの」とのかかわりで議論されてきた経緯があり、こうした概念が現代のメディア空間の問題といかなる関連があるのかと訝るのは当然のことと思われるからである。私自身、これらの概念を現代の問題に適用するにはいくつかの保留や組み換えが必要であり、ストレートに現代に遡及させることはできないと考える。しかし、そうだとしても、これらの概念を導きの糸にして思考することでなにかが見えてくるように思えるのだ。

集合意識とはなにか。デュルケームは集合意識（Conscience Collective）の定義を以下のようにしている。「同じ社会の成員たちの平均に共通な諸信念と諸感情の総体は、固有の生命をもつ一定の体系を形成する。これを集合意識または共同意識と呼ぶことができる」（Durkheim, 1893=1971, 80）。[5] 集合意識は、もちろん発生的には、個人の相互作用から生じるものであるが、特定の条件のもとで、個々人の意識とは区別される集団の精神生活をなすと考えられている。また「信念と感情の総体」であるというこの規定から、集合意識が表面的な、流動的なものだろうと考えてはならない。デュルケームは次のようにいう。「犯罪に対応する集合的感情（sentiments collectifs）は、なにか明瞭な特性によってほかの感情とはっきり異なっていなければならない。……すなわち、それらの感情は、ただ単にあらゆる意識の中に刻み込まれているだけではなく、そこに強く刻み込まれているのである。それはためらいがちのうわべだけの気持ちではなく、われわれのうちに強く根付いた情動や傾向なのである」（Durkheim, 1893=1971, 79）と。集合意識あるいはその基底にある集合的感情は、一時的なものではなく、身体の奥底に深く定位されている。デュルケームによれば、社会秩序の構造や変容にこの集合意識や集合的感情がなんらかのかたちで関連するものとして捉えられるのである。しかしながら他方で、集合意識や集合的感情が法や制度の基底にあってそれを支える潜在的な流れをなしているケースとは異なり、人々の意識に直接浮上し体験され、社会のなかに熱狂や興奮がもたらされるケースがあることにもデュルケームは十分気がついていた。それが「いかなる統制も脱した激情(passion)」「激烈な超興奮状態」であるとデュルケームが述べる集合的沸騰の状態である。(6)

社会構造の背後あるいは奥底に突如生成する、流動的・没構造的な集合的感情の流れとしての集合的沸騰……。われわれが今日経験しているのはこうした集合的沸騰の現代的な姿なのではないか。メディアが媒介する、あるいはメディアが触媒となった集合的感情の成立という事態である。そこでは、たしかに、「宗教的な観念が生まれでたと思われるのは沸騰した社会環境のなかで、そして、沸騰そのものからである」というデュルケームの記述に見られるような、「宗教的観念の成立」や「聖なる世界」との関連が欠如しているように見える。また、現在の経験に即して述べるならば、テレビ映像を消費し、ネットを利用する経験はあまりに平凡で、日常世界の単調感とは対照的な、互いに身体を抱擁し興奮と歓喜に包まれるスタジアム内部での「高揚した集合的感情」の発露といった現代の集合的沸騰の経験ともまったく異質であるように見える。しかし、ある映像をながめ、その映像に触発され、流動的とはいえ、一時的なものとはいえ、「共感の共同体」が形成されていく様は、そしてさらに触発されたアフェクションをただちに現働化可能なものとするメディアが触媒となって、匿名性の高い「いかなる統制」も無力化したかに見える空間のなかで文字を「打ち」、無数の情動と感情を披瀝する情報が飛び交う様は、結晶化の度合いの高い集合意識の位相ではなく、むしろ流動的・没構造的な集合的感情の流れとしての集合的沸騰の生成として把握すべきことがらのように思えるのだ。形容矛盾かもしれない。だが、あえていえば「クールな集合的沸騰」とでも呼ぶべき事態の生成である。

さらにいえば、スタジアムや対面状況における集合的沸騰とは明らかに異なるネットワーク上の特徴もある。他者が見えないなかに生じる「クールな集合的沸騰」では、流動的・没構造的な集合的感情の流れが現働化する「文脈」があらかじめ可視化され所与のものとして存在しているわけではけっしてない、ということだ。視覚、聴覚、触覚等々あらゆる身体的な感覚のなかで、唯一、その「文脈」を判断するてがかりを与えてくれるのは、パソコンの画面上の文字であり、テレビのなかの「顔」と「声」だけである。だからこそ、「文脈」を読み取ること、つまり「空気＝コンテクスト」を読み取ることがもっとも重要となる。

しかも、この「空気＝コンテクスト」は、上記のように、まえもって与えられているわけではなく、没構造的な集合的感情の流れが現働化するプロセスによって「コンテクスト」自身が構造化され、同時に「コンテクスト」に応じて没構造的な集合的感情の流れが現働化する、という自己再帰的な、自己言及的な円環のなかでのみ成立している。その意味でも、流動的・没構造的な集合的感情の流れが現働化するプロセスはきわめて脆弱な基盤のもとで作動しているといえるだろう。

七　小括——律動的な対立の瞬時性

いつごろからか、世論、輿論、という概念に代わって、民意という概念が多用されるようになった。民意という用語をあらためて定義することにどれほどの意味があるのか不明だが、ただこの小論に即して言えば、「現働化する際のコンテクストが不確定まま、流動的・没構造的な集合的感情の流れが現働化するプロセス」といったところが妥当な定義だろうか。曖昧な規定ではある。だがそれでも、ここで強調してよいのは、現働化する際のコンテクストが不確定だからこそ、民意は、不確定で、とらえどころのない、左から右へ、そして右から左へと、劇的に、偶然に、振れていくという特徴を有していることだ。民意は、討議や議論を通じて達成される（べきだ）と考えられている「輿論」ではない。また、対米感情や対北朝鮮感情といった比較的安定した、まさにその意味ではデュルケームのいう社会的現実のもっとも深い次元で結晶化した集合意識（その基盤にある集合的感情）から構成される（と想定されている）「世論」ともまったく異なる位相をなしている。あえて「民意」といった概念で思考することに意味があるとするならば、この「輿論」と「世論」とはまったく異なるコミュニケーション形態として「民意」を捉えるということなのだ。「輿論」であれ、「世論」であれ、確固とした主義主張をもつ、そしてはっきりとした明確な感情のベクトルをもつ個人が、メッセージとコンテクストを峻別し、また両者を関連付けてコミュニケーションをおこなうことが通常のコミュニケーションであると想定してきた近代主義的なコミュニケーション観とはおおよそその様相を異にするコミュニケーションが成立しているということだ。デュルケームが記述しているように、集合的沸騰の状態にあるコミュニケーションは自己と他者が融合した未分化の相互身体的なものだったことをあらためて想起しておこう。機械と身体が複合的に接合したパラダイムに生成する自他未分化の状態。そこでは、流動的・没構造的な集合的感情の流れが現働化するプロセスが突出してきているのだ。[7] その背景にはさまざまな要因が考えられるべきだろう。しかし少なくとも本章を通じて言えるのは、現在の、アフェクションを触発し、その現働化を触媒し、あらゆる領域に波動を及ぼすテレビそしてネットというメディアの存在と、この二つのメディアの間の共振関係がないなかでは、この現象はけっして生まれないということだ。

情動は暴力の根源でも、祝祭や祭りの根源でもある。「祭り」が「祀り」であり、かつ「政」でもあるならば、そして「政」の核心に「祭り」があるならば、この本論が試みた、些細な、あまりにポピュラーなエピソードの分析も、情動とメディア、情動と政治という親和性に満ちた三項の関連の〈いま〉を考えるための、微かな手がかりになるのかもしれない。

注

（1） Tarde（1890=2007）の一六〇頁から一六八頁を参照されたい。

（2）「亀田父子」とＴＢＳの関係については、『週刊朝日』二〇〇七年一一月二日号（一八頁から二三頁）を参考にした。

（3）『日刊スポーツ』一〇月二七日の七面、「ボクシング担当・田口潤」の発言である。やくみつるの発言も同紙による。また、やくみつるは『週刊朝日』でも「当初は懐疑的に見ていたんですが、冒頭で内藤選手とファンに詫び、自分の言葉でしゃべって、反省の色を見せているなと思いました。親父の代弁をして、さらに思慕の情を語り、親父の再教育にも有用です」と述べている。

（4）「検事」と「被告」との表現は、『週刊新潮』二〇〇七年一一月八日号（四五頁から四六頁）に書かれている。

（5）「集合意識」にかんする『分業論』と『社会学的方法の規準』との差異について、またデュルケームの「集合意識」とフランスの歴史学における「心性」への着目とのかかわりについては宮島（1979）を参照されたい。

（6）大野（2001）によれば、「集合的沸騰は、高揚した集合的感情」であるとともに、「強烈かつ激動的な知的な力」、「能動的な集合的思考」の側面をもっており、「デュルケームの集合的沸騰は、それ自体において没構造的な集合的感情であるだけでなく、そのうちに「構造化の原理」としての意味作用を含む構造化可能な沸騰であり、能動的な集合的思考でもある」という。今回の論述に際して大変参考となった。

（7）近代主義的なコミュニケーション観とは異なる自己と他者が一体となった自他未分化のコミュニケーションを正村（2001）は「原初的コミュニケーション」と呼ぶ。しかも彼はコミュニケーションによる自己組織化が現代社会において重要となっていることを強調し、本論とほぼ共通した認識を提出している。

第五章　グローバル化とメディア空間の再編制
——メディア文化のトランスナショナルな移動とメディア公共圏

一　メディアスケープの変貌

「地球規模での相互依存関係の緊密化」としてグローバル化を広義に捉えるならば、その歴史は今にはじまったことではない。だが、現在進行中の事態は「地球規模での相互依存関係の緊密化」の深度と広がりの両面でそれ以前の段階とはまったく異なる相貌を呈している。グローバル化という概念が市民権を獲得した所以もこの点にある。本章が対象とする〈情報・メディア〉の領域もその例外ではなく、この数十年の間に起きた情報通信技術の革新とその社会的編制を基盤とする情報・イメージの地球規模の瞬時の移動は、資本・人・モノのグローバルな移動を可能にした基本的なインフラストラクチャーであり、またそれ自体がグローバル化と言われる動態のもっとも重要な推進力をなしている。

二〇世紀、社会情報過程の主要なプロセスを組織した新聞、ラジオ、テレビといったマス・

メディアは、その成立の当初からグローバル化と密接な関係をもって成立した。しかし、それらのメディアは、本来そのテクノロジーの性格からして地理的制約によらぬ情報伝達の可能性をもっていたにもかかわらず、国民国家という境界が設定する空間に制約され、情報の生産・流通・消費の回路はそのナショナルな空間内部に閉じられてきた。近代社会が内包する二面性――ヨーロッパ各国によるアジア・アフリカ・アメリカ大陸の植民地化の過程としての「地球規模での相互依存関係の緊密化」の側面と、他方で国民国家という地理的領土的境界に限定された近代社会という側面――は、新聞、ラジオ、テレビという既存の情報メディアの社会的性格を構造的に規定し、脱領域的な可能性を潜在するテクノロジーは国民国家の領土的制約下で組織されたのである（Thompson, 1995; Hall, 1991）。とりわけ、ラジオとテレビは、商業放送、公共放送、あるいは国営放送、そのいずれの形態であっても、国民国家の領土の枠内に住む国民に受容され消費されることを前提とする「ナショナル・メディア（national media）」としての性格を常に付与され続けてきたといえる。

特にここで注視すべきは、すでに多くの研究で言及されてきたとはいえ、アンダーソン（B. Anderson）が明らかにしたように、マス・メディアが「想像された政治的共同体」としての「国民国家」とその成員のナショナル・アイデンティティを形成・維持する上できわめて重要な役割をはたしてきたことだ。マス・メディアを通じた媒介作用が、国民を想像し、国民国家という形式を普及させる上で決定的な役割を果たしたのである（Anderson, 1983）。しかも、その構図は、一九六〇年代初頭に衛星による国際的な放送が開始されて以降も基本的には変わらなかったと見てよい。海外のテレビ局が制作した番組を中継し、海外のニュース映像を流すことはあったが、それはあくまで例外的な事象であり、テレビ放送は基本的に「自国」の放送局が「自国」の国民に向けて行うものであったからである。決定的な転換を画したのは、放送衛星・通信衛星を経由して伝送された番組をオーディエンスが直接受信する、またはケーブルテレビを通じて受信する仕組みが整備された一九八〇年代後半のことである。

一九八九年にヨーロッパで初の衛星放送が開始され、一九九一年には香港に拠点を置くスターテレビが通信衛星アジアサットを経由してアジア全域をカバーする国際衛星放送サービスを始める。また一九九〇年代半ばにはインターネットの急速な普及が見られ、CMC（computer mediated communication）がグローバル・ネットワークを構築することになる。我々が目にしているのは、たかだか四半世紀ほどの間に生じたトランスナショナルな情報の移動によって特徴づけられる「情報のフローの空間」の再構造化、言い換えれば「メディアスケープ（mediascapes）」の再構造化であり、新たな「メディア・ランドスケープ（media-landscape）」の誕生である。(1)

文化人類学、社会学、地理学、コミュニケーション研究、カルチュラル・スタディーズなど多くの関連分野の研究は、テクノロジーの革新による情報・イメージのグローバルな移動から生まれたさまざまな変化に照準し、地域や国家そしてエスニシティなどによって境界付けられてきた文化の変容にアプローチしてきた。メディア研究もこうした関連分野の研究動向と深く結びつきながら「ナショナル・メディア」を前提とした従来の研究視点を抜本的に反省し、あらたな研究フィールドを立ち上げてきたといえる。

本章では、メディア研究において近年ますますその重要性が指摘される「トランスナショナルな情報・イメージ・文化の移動とそれに伴うアイデンティティの変容の問題」に焦点を当てる。それを通じて、「多文化社会におけるメディアの公共性とはなにか」という問題を考察する手がかりを得るとともに、グローバル化といわれる社会過程の具体的な分析を進めるための方向性を探ることにする。以下、グローバル化に対する既存のアプローチを整理し、筆者自身が取り組んだ台湾における調査や多くの研究者によって進められた東アジア圏におけるトランスナショナルな文化移動に関する調査から得られた知見もふまえながら、グローバリゼーションのなかのメディア研究の課題を提示しよう。(2)

二　トランスナショナルな分析視座の形成

グローバルな情報フローの構造的不均衡と新たなフローの空間

今日、グローバルな情報・イメージの移動・交通を考察する際に参照すべき複数のアプローチが存在する。ここでは、そのなかでも主要なアプローチの視点と、それぞれに異なる視点の布置関係を整理することで、メディア研究の進展とその背景を明らかにしよう。

一九七〇年代以降、グローバル化に対する批判的な視点をいちはやく展開したのは文化帝国主義論である。その代表的な論者であるシラー（H.I. Schiller）の議論の基底をなしたのは、アメリカの覇権が経済の世界支配力だけではなく情報の面での支配力に支えられているという認識であった。アメリカのマス・メディアの番組は国内向けには自国の豊かさを表象する一方で、海外には「自由」「豊かさ」といったアメリカ発のイメージを流布し、従属的な地位に置かれた文化に破壊的な影響を及ぼす、と彼は見なした（Schiller, 1969, 1973）。自由貿易主義とパラレルなかたちで主張された自由な情報流通は、情報発信力をもたない発展途上国や第三世界の社会に、アメリカの生活様式への欲望やアメリカの価値観が浸透していくチャンネルとなり、その社会の文化や自律的な発展を困難にする。(3)

一九七〇年代に展開されたこうした立論は、すぐ後に指摘するように、文化が受容される際の多様性を考慮していない送り手中心主義の発想であり、影響を受けるとされる発展途上国の文化を純粋な固有のものとみなす文化の本質主義的理解に捕らわれているとして、トムリンソン（J. Tomlinson）やカルチュラル・スタディーズの論者からの厳しい批判に晒された。「文化帝国主義の問題点は、……文化的商品が存在するという単純な事実だけから、より深い文化的あるいはイデオロギー的な影響力がそこにあるという飛躍的な推論」を行い、「拡張する資本主義システムの機能的要求と、テレビ番組や広告のような文化的テクストによって表象されるイデオロギーの間に、継ぎ目のないつながりのようなものを構築」している点にある（Tomlinson,

1999; 148)。この理論に欠けているのは、文化的、地理的な領域間の移動に伴う文化商品の解釈や翻訳や変形といった「再文脈化」の過程を照射する視点である（Lull, 1995; Tomlinson, 1991)。一連の批判は説得的で、そのために、この理論は過去のものと現在では見なされている。

しかしながら、文化帝国主義論が主張した、グローバル化に伴う情報・イメージのフローの構造的不均衡とそこに由来する欧米中心の文化・政治的イデオロギーの空間的拡張という問題の重要性は実際にはかならずしも失われてはいないのではないか、そう問い直すことも可能だろう。一九九〇年代に欧米各国で実施されたネオリベラリズムに基づく通信放送分野の規制緩和政策、さらに欧米のメディア企業の集中化と巨大化は、情報のグローバルな移動にかかわる構造的不均衡の問題を再浮上させているからである。サイード（E.W. Said）は「ニュース放送だけでなく文化の全部門までもが、たえず拡大を続けてはいても、ごく少数の私企業の集団に、いかにして、侵略され包囲されているのかを考察した」としてシラーの主張（Schiller, 1989）を評価し、欧米中心のメディア・システムが今日においてもグローバルに流通する主要な社会的言説を構成している現状に注意を促したが（Said, 1993, 199）、彼の指摘する通り、情報の生産と移動にかかわる不均衡の問題が解決されたわけではけっしてない。

この点については別稿で論じており詳細は避けるが（伊藤 2005）、情報通信技術の進歩にもとづく映画や番組などのソフトを配給する回路の多元化は、通信・放送分野を魅力ある巨大市場として再編して巨大なメディア・コングロマリット（media conglomerate）の出現を帰結している。また規制緩和による市場の競争原理の強化は、映画産業、放送事業、通信事業といった諸分野の融合とオーナーショップの集中化をもたらし、市場の論理をこれまで以上に徹底させている（Artz & Kamalipour, 2003; Mohammadi 1997; Croteau & Hoynes, 1997; Blumler & Gurevitch, 1996）。グローバルな情報移動のなかでも重要な領域をなす「ニュース・報道」分野でも同様の事態が進行している。

AOL Time Warner のCNN、BBC Worldwide、News Corporation のBSkyB をはじめとして、衛星を通じたグローバルなニュースサービスがニュース報道分野で重要な役割を担い始め、一見するとニュースの多様化が進んだかに見える状況が成立している。しかし実際は、グローバルなニュースの配信という点で見る限り、冷戦終了後ファイナンシャル情報によって急成長したロイターをトップに、それに続くＡＰ通信社、ＡＦＰ通信社の三社がグローバルなニュース配信を事実上コントロールしており、この下で、News Corporation, Bertelsmann, Vivendi, AOL Time Warner, Disney, Viacom の六社が世界中の主要なウェブサイト、商業テレビ、ケーブルテレビ、新聞社などにニュースを提供する構造が形成されている（Boyd-Barrett & Rantanen 2004, 1998）。

もちろん、一方で、アルジャジーラに代表される非欧米の視点に立つ衛星チャンネルや、社会的マイノリティを主要なオーディエンスとする様々なオンラインニュースが生まれ、オルタナティブなニュースのグローバルな配信構造も生まれていること、この点も強調されるべきだろう（Atton, 2002; Boczkowski, 2005）。その点で言えば、欧米のメディア産業による情報のフローは、ひとつの回路、一つの結節点にすぎなくなったとも言える。だが、こうした新たなニュースメディアもオルタナティブなメディア環境をすぐさまつくりだすわけではなく、そこには既存のメディア産業の圧力や経済競争の厚い壁が存在することも見逃せない。つまり、不均衡な情報のフローを構造化するシステムと新たなネットワーク・メディアとの間のせめぎあいや補完関係のなかで、新しい交通の回路も出現しているのであり、こうした複雑で流動的なメディアスケープの再（脱）秩序化の動態を捉えることがメディア研究の重要な課題として提起されている、と考えるべきだろう。

文化帝国主義論の仮説をそのまま踏襲することはできない。しかし、情報・イメージが生産され流通する構造的な側面に注目し、そこに構造的な不均衡が存在することを指摘した意義を過少評価してはならない。情報とイメージの生産と流通という具体的な過程が孕む不均衡を問題化するまなざしは、〈誰が、誰について、発言しているのか〉、そして〈いかなる物語がそこで語られ、他者がどう構築されているのか〉という表象の政治学にかかわる根本的な問題を提起しているからである。

カルチュラル・スタディーズ、そして空間論的な分析視点へ

アメリカのメディア産業や多国籍企業が生み出す文化商品のグローバルな拡散がそのまま世

界各地の文化の画一化をもたらすと想定した文化帝国主義を厳しく批判したのは、上記のように、カルチュラル・スタディーズの論者たちである。メディア産業は、生産・流通する文化商品の消費や受容の在り方を規定できるわけではない。「象徴的事物の流通の本質的部分である解釈学的な受容というものを無視」（Thompson, 1995, 171）してはならない。むしろオーディエンスは文化商品を横領し、自らの文化実践に転用させていく潜在力をもった能動的な主体である。トムリンソン（Tomlinson）やカルチュラル・スタディーズの論者たちは、送り手中心の文化帝国主義のアプローチを、受け手の能動的読解、アイデンティティやライフスタイルを表現する契機として文化商品を取り込んでいく消費者の文化的実践に着目するアプローチに視点を転換させていった。

たとえば、ヘブディジ（D. Hebdige）は、戦後イギリスの社会のなかで「俗悪」と見なされ続けたアメリカ文化が実は労働者階級に、とりわけ若者に浸透していった背景に、イギリスの支配的文化に対する対抗性が存在することを明らかにした（Hebdige, 1979）。また彼は、一九五〇〜六〇年代、すでに確固とした地位を確立していたヨーロピアン・デザインに対して、当時浸透しつつあった「モダン」なアメリカ製の生産物のスタイルとデザインが一般に「低俗」なものとみなされていたにもかかわらず、実際には労働者階級の人々にとってそれが生活を改善する強力なシンボルとして機能していたことを論じた（Hebdige, 1981）。さらに、アン（I. Ang）は、一九八〇年代に世界中で大ヒットしたアメリカのテレビ番組『ダラス』が、なぜ多くの女性から熱狂的に支持されたのかを考察し、彼女たちがけっして画一的にこの番組を消費しているわけではなく、この彼女たちの階層や学歴に応じて多様な読みの実践を行っていること、そしてそのプロセスに彼女たち自身が喜びを見出していることを明らかにした（Ang, 1985）。もちろん、グローバル化の潮流のなかで、巨大化した文化産業や情報ネットワークが大きな役割を演じていることはたしかである。とはいえ、グローバルな文化商品がそれぞれのコンテクストで多様なかたちで消費され、転用され、再文脈化されているのであり、この対抗と交渉の過程を精緻に解き明かしていくことの必要性がカルチュラル・スタディーズによって提起されたのである。それは、文化のトランスナショナルな移動と消費の問題を考える際に、文化帝国主義論に替わる重要な視点を提起するものだったといえる。

しかしながら、その一方で、グローバルな情報とイメージの流通がナショナルな空間編制を超えた、多様で多角的な空間にオーディエンスを包摂するダイナミックなプロセスとして現れていることを視野に入れるならば、メディア研究の主題を〈文化的なテクストと読解の問題〉にのみ縮減してはならないだろう。メディアとオーディエンスの相互の関係それ自体の変容を対象化できるような研究視点を構築していく必要がある。

この点に自覚的に取り組んだのがロビンス（K. Robins）とモーレイ（D. Morley）である。文化人類学や地理学の空間論を批判的に受容しつつ、彼らは「空間」「ランドスケープ」といった概念を理論の機軸に据えて、メディアが構成する重層的な空間編制を可視化できるような新

たな視座の構築に挑戦したのである。(4)

ロビンスとモーレイがなによりも注目するのは、電子メディアに媒介された新しい情報とイメージのフローが「ナショナル・スペースの危機（the crises of national space）」とでもいうべき事態を帰結していることである。情報技術と市場の変化は世界市場の出現を促し、巨大メディア企業や広告産業によるトランスナショナルな情報の移動・配給システムが拡大・一般化し、オーディオビジュアルな文化商品の「脱領域化（deterriorialisation）」が進行する（Robins & Morley, 1995）。このことは、「ナショナル・メディア」による従来の枠組みが人々のアイデンティティにとっていまだに強力な作用を及ぼしているとはいえ、その力が相対的に低下し、「危機」と表現できるほどに、ゆらぎはじめていることを意味する。

その上で注目すべき側面は、「新しい形態のリージョナルな・ローカルな活動（regional and local activity）」の活発化である。たとえば、それは、特定のエスニシティ、特定の宗教、特定のライフスタイルをもつ人々をターゲットにしたローカルペーパーの拡大やケーブルテレビや衛星を通じた多チャンネル放送の成立に現れている。従来のマスマーケットが細分化し、ローカルなレベルでの情報の生産と消費が拡大している。

ところで、いま指摘した「グローバル化」と「ローカリズム」という一見すると相反するように見える変化は、単純な対立・対抗の関係にあるわけではない。たとえば、アーリー（J.Urry）が指摘したように、ツーリズムというグローバルな人々の移動経験が拡大するなかで、英国北西部のランカスター周辺の町や都市が「文化遺産都市」として地域再生をはたそうとしている過程は、この一地域の問題に収斂できる性格の問題ではなく、動員できる歴史や建造物のイメージをグローバルにフローさせることで、他のヨーロッパ各地（あるいは世界の各地）との厳しい地域間競争に打ち勝つための過酷なプロセスでもあった（Urry, 1995）。「空間の圧縮」という事態が進展する一方で、逆に「空間的差異」に注目しながら、文化資本は特定の都市や地域の出来事や歴史や文化のイメージを有力な文化商品として流通させている。グローバル化とローカルな空間は相互に交錯し接合されているのである。

こうした接合の様式は、ヨーロッパ各地に居住する移民やディアスポラが衛星を通じてダイレクトに情報や番組を消費するなかにも顕在化している。新たな情報フローのシステムを媒介にした国境横断的な結びつきは、ローカルな場に暮らす彼らと母国との絆や、彼ら自身の相互の関係をこれまで以上に強め、それぞれの地域・コミュニティに根ざした独自の文化を立ち上げていく。グローバル化とローカリズムはけっして離反するような現象ではなく、相互に深くリンクし合っている。

ロビンスとモーレイは、こうした変化に注目することで、メディアの文化的テクストの記号学的分析やオーディエンスの解釈に照準したアプローチを超えて、新たな分析視点を構築する必要性を認識するとともに、そのための具体的な枠組みとして、ローカルでもありグローバルでもある情報のフローとオーディエンスとの複雑なかかわりを把握するために「メディア・ランドスケープ」という新たな概念をメディア研究に導入する。

彼らは、この空間論的な視座から照射されるもうひとつの側面に注意を喚起する。メディアスケープの変貌を規定するいまひとつのファクター、つまり汎ヨーロッパ的なマーケットとオーディエンスを構成する重要な手段としてコミュニケーション・テクノロジーの役割を重視するEUの政策である。EUはヨーロッパの文化的アイデンティティを創造する重要な手段のひとつとして、オーディオビジュアルな文化産業の育成を重視し、様々なプロジェクトを立ち上げるとともに、共通の生活スタイルや未来に対する共通の意識を育成するためのソフトの生産に対しても様々な援助を行ってきた。アメリカや日本のメディア・コングロマリットに対抗する統合的なメディアマーケットの確立という戦略的課題は、ヨーロッパ共通の文化的アイデンティティの確立という課題と表裏一体のものとして進められている（Robins & Morley, 1995）。つまり、ここで確認すべきは、情報フローの空間を構築するプロセスには多国籍のメディア企業や国家にとどまらず、EUといった超国家的な行為体が関与しているのであり、オーディエンスはこうした複数の行為体が関与する、ローカルな、ナショナルな、トランスナショナルな、そしてさらにはヨーロッパというリージョナルな「メディアスケープ」に布置化されているということである。

しかしながら、EUのこうした政策には様々な課題が山積している。[5] 第一に、ヨーロッパ文化の多様性のなかの統一性という要求に多くの人々が確信を抱いているとはいえず、むしろ

「国境のないヨーロッパ」といった理念やトランスボーダーな情報のフローに対する不安が醸成されている。「国境を越えた放送」は必ずしも成功しているわけではない。第二に、より重要な問題は、こうした「ヨーロッパの文化的アイデンティティ（European cultural identity）」に向けた構想が数多くの移民やディアスポラのための空間をほとんど考慮していないことだ。トルコやパキスタンなどの地域から来たイスラム系の人々や中国・ベトナムの人々が多様なメディアを通じてコミュニティを構成し、出身地域や国とのつながりを強めているなかで、EUのコミュニケーション政策にはこのことが十分考慮されていない。むしろ、そこには「汎ヨーロッパレイシズム（pan-European racism）」が成立する危険性すらある。そして第三に、構想されたヨーロッパという地域的境界がどこを指すのかという基本的問題もある。冷戦崩壊後の「東」側の地域とトルコをも含む「南」側の地域を含めて、ヨーロッパをいかに構想していくのか。この問題はいまだ決着しているとはいえない。

水準を異にする、ローカルな、ナショナルな、そしてトランスナショナルな情報のフローを通じてメディアスケープが編制される過程は、いま見てきた議論からも明らかなように、アイデンティティをめぐるポリティクスの問題に深くかかわっている。新しい局面の下で、いかなるアイデンティティが構築されようとしているのか。

ロビンスとモーレイは、それを「ナショナル・アイデンティティの再エスニック化（re-ethnicisation of national identity）」とでもいうべき事態の成立として特徴づける。対アメリカ、対日本といった外部の「他者」を鏡として形成される「自己」のアイデンティティは、ネーションの範域を超えた「ヨーロッパ」というリージョナルな水準に設定されているわけではない。他方、ネーションの内部に居住している移民の労働者たる「他者」との対話を通じて、従来の自民族中心のアイデンティティを変容させる方向にも向かっているわけでもない。メディアスケープに占める「ナショナル・メディア」の位置が相対的に低下しているにもかかわらず、ハージ（G. Hage）やブルバーカー（R.Brubaker）が主張しているように、逆にナショナルな水準への帰属を強める方向に作用している。さらに、そこでは、「エスノ・ナショナリズム（ethno-nationalism）」とでも言うべき、国民国家からの分離と新たな国家の構築を求める文化地域主義の動きさえ見られるというのである。

三　メディア公共圏を問い直す

ディアスポラ公共圏の可能性

以上述べてきた、ロビンスとモーレイによる文化の地政学的なアプローチの特徴と独自性を確認しておきたい。第一は、これまでのカルチュラル・スタディーズの考察がともすれば個々のメディア消費、つまりオーディエンスのメディア・テクスト解釈過程に照準する傾向が強かったのに対して、空間の概念を提起することで、情報とイメージのフローの空間の多層化、すなわち情報の受け手であり、かつ発信者となった個々の市民のメディアスケープの変容をトータルに見通すことができる分析視点を提示したことにある。

第二は、その複雑な空間とは、ローカルからナショナルへ、そしてグローバルへ、といったかたちで空間が連続的に拡張していくようなものではなく、それぞれが独自のロジックをもって相互に抗争し、あるいは包摂し合うような、矛盾と対立を内包する空間なのであり、その非共約性を浮かび上がらせていくことの必要性が提起された点である。メディアスケープを構成するエージェントは、グローバルな市場とオーディエンスの獲得をめざす多国籍企業であり、リージョナルな空間構成を欲望する超国家的組織であり、ナショナルなメディアスケープを維持しようとするナショナル・メディアであり、情報とイメージの複合体を消費・受容し、さらにブログやツイッターやフェイスブックといったソーシャル・ネットワーク・サーヴィス（SNS）を通じて自ら情報を発信するオーディエンスでもある。その複数の行為体の関心や利害が交錯するインターフェイス上で生ずる、多様な情報のフロー間の対抗や包摂や接合のプロセスからメディアスケープ総体が構築されているのであり、その接合と包摂の関係を精緻に分析する必要がある。

第三は、情報やイメージを消費する集合的主体が置かれた社会的文脈の重要性がこれまで以上に強調されたことである。日常的なメディア消費の空間は、すでにメディア・テクストの消費を通じてナショナルな空間が立ち上げられるような単純な「場」ではない。それは個々の社会的主体に応じた多様な「メディア・ランドスケープ」として現出している。移民労働者やディアスポラ、少数言語使用者、そうした個々の社会的主体にとって、どのような「メディア・ランドスケープ」が組織されるのか。それぞれの主体にとって、グローバル化とはどのような条件なのか。メディアスケープの劇的な変容とは、誰の、誰にとっての可能性として、あるいは困難として、立ち現れているのか。マッシー（D. Massy）はその後、この視点をより具体的に展開していくことになるわけだが、ロビンスとモーレイはメディア空間の政治性と社会性を問題構成の焦点としていちはやく浮上させたのである。換言すれば、「メディアスケープ」「メディア・ランドスケープ」という空間編制をめぐる問題はまさに「地政学的」な問題として現れている。

ロビンスとモーレイの分析視点をより精緻化し、メディアのグローバル化と社会関係の変容にかかわる新たな方法論的地平を描いて見せたのが、二人の議論自体にも決定的な影響を与えたアパデュライ（A. Appadurai）である。

彼によれば、「電子メディアがマス・メディアに媒介された領域を変容」させており、「電子メディアが想像の自己、想像の世界を構築する新たな資源・規律を与えている」（Appadurai, 1996, 19）という。自らが情報を生産し発信できる電子メディアを通じて、個人は、ニュースであれ、スペクタクルな映像娯楽であれ、あるいはそうした情報やイメージに関する批評や批判であれ、積極的に奪用し、審問し、相対化し、マス・メディアには一切流れなかった新たな情報を広範囲に流通させていく。それは従来のマス・メディアが構築してきた世界とはまったく異なる世界を媒介し、「世界中のいたるところで、抵抗やアイロニー、選択性、つまりは行為性を幾度となく喚起していく」。ロビンスやモーレイ以上に、アパデュライは人々の想像力のはたらきにおける新しい電子メディアの影響力を重要視し、「メディア・ランドスケープ」の可能性と複雑性に着目するのだ。

この彼の視点の特徴は、移動し、越境する人間、そしてグローバルに交通する情報とイメージ、この両者が邂逅する地点に社会関係の根底的な変動――彼の指摘する全面的な「切断（rupture）」――を見定め、そこに「ディアスポラの公共圏（diasporic public spheres）」の創出の可能性を主張する点によく現れている。アパデュライは「マス・メディアが電子メディアによって圧倒されるに従って、そして生産者とオーディエンスとのボーダレスな結びつきを電子メディアが強めていくにしたがって、さらにオーディエンスそれ自体が移動する者と留まる者との新たな対話をはじめるようになると、ディアスポラの公共圏はその数を増やしていく」（Appadurai, 1996, 53）と指摘する。それは、従来の公的な言説空間たる「市民的公共圏」を変容させ、単一の「市民的公共圏」とは異なる複数の「公共空間」として成長していく可能性を秘めているというのである。

では、実際に、国境を跨いで移動し越境する人間の「メディア・ランドスケープ」はどう構築されているのだろうか。ヨーロッパにおける移民やディアスポラの包接と排除の問題を、社会的コミュニケーションの側面から「ディアスポラの公共圏」の問題として分析したジョージロー（M. Georgiou）の議論を参照しておこう。

メディアに媒介されたトランス・ナショナリズム

彼の分析によれば、メディア・コミュニケーションの発達を基盤としたトランスナショナルな空間の構成は、たしかに彼らの文化生活が国民国家の枠組みに拘束される度合いを軽減させ、異なる政治・文化・社会の空間への編入と、それを通じたより一層複雑な生活文化の形態に変化させているという。インターネットカフェのようなローカルな空間は、世界中に点在するディアスポラのコミュニティや出身国（地域）との架け橋となる場であると同時に、ローカルな地域の相互行為の空間、国民国家による意見表明や政治的参加の制約に対して挑戦する新たな空間でもある（Georgiou, 2005）。ネットカフェやビデオオフィスといったコミュニケーションセンターが異なるエスニックの人々が交流する「相互エスニックな公共空間（inter-ethnic public space）」「公共の空間におけるエスニック・アイデンティティのパフォーマンス（ethnic identity performance）の新しい次元」として機能する場合もある。しかもこうしたエスニック相互の共生関係や街頭といった公的な空間におけるパフォーマンスが、都市空間全体のなかで可視化されるようになると、コラボレイトなメディア・プロジェクトも展開されるようになり、マルチカルチュラルな番組がマイノリティやマジョリティの両方を含めて、異なる文化的背景をもつ人々に消費される状況も生まれている。「これらのメディアに媒介された空間は、大部分のナショナル・メディアがそうすることに成功しなかった、ヨーロッパを横断するマルチエスニックな空間を反映し、表現しているのであり、現在のヨーロッパのメディアスケープのきわめて重要なエレメントを構成している」（Georgiou, 2005, 39-41）。ジョージローが指摘するこのような状況は、たしかにアパデュライが論じる「ディアスポラ公共圏」の現実的可能性を示唆し、グローバル化の積極的な側面を物語るものだろう。(6)

しかしその一方で、ジョージローは、こうした多様性・異質性の評価は都市空間の経験の一側面を反映しているにすぎないとも述べている。というのも、インナーシティへの排除やゲットー化といった新たな差別と隔離が生まれる一方で、「メディア媒介的なトランスナショナリズム（mediated trans-nationalism）」といった現象も生成しているからである。国境横断的なメディアを移動する情報とイメージの高速化と高密度化は、宗教や文化そしてエスニシティを共有する（と想像する）集団の内的凝集力を高め、アパデュライが「内破的（implosive）な事態」と概念化したような、何万キロも離れた人々の間で生じた対立と抗争が一瞬のうちに伝播し、それが空間を超えて再現されるような事態さえ生起させる。「ディアスポラ的公共圏」の可能性の広がり、そしてそれとは相反するような「メディア媒介的なトランスナショナリズム」の生起。電子メディアのネットワークが切り開く、不確定な、時には相反する動態を生成するプロセスに現代社会は直面しているのである。

四　グローバル化する空間と歴史的な非同一的場所性との交錯

文化帝国主義論、それを批判したカルチュラル・スタディーズの視点、さらに文化人類学や新しい地理学で提起された空間論を媒介にしながら形成されたメディア文化研究の空間論的、地政学的な視座を整理し、トランスナショナルな情報の移動という新しい諸現象に対応するアプローチなり概念枠組みがどう彫琢されてきたのかを見てきた。ここでは、流動的な事態を前にして、過度の理論の抽象化・一般化の方向は回避すべきだろう。必要なことは、不確定な動態に注目しながら、今後の実証的な研究を進める上で重要な論点を明確にすることである。

以下、そのために、三つの具体的課題を提起することにしよう。第一は、開放性と閉鎖性という視点からメディアスケープの動態を把握することの必要性である。次にメディアスケープを造形するに際しての国家の役割をどう考えるかの問題である。そして第三に、「メディア・ランドスケープ」と歴史的な非同一的場所性との交錯という問題である。

メディアスケープ相互の重層的な接合

現代は、トランスナショナルな情報の移動が一般化し、メディア全体の編制が従来のテレビ放送のようなネーションの空間を一元的に組織していくメディアから、グローバルでもあり、ローカルでもある複雑なメディアスケープに移行しつつある。情報のフローが重層的に折り重なり、交錯する、現代的な状況のなかでまず焦点とされるべきは、複数のメディアが競合し合うなかに生成するメディアスケープ全体の再（脱）秩序化の過程を立体的に分析することである。

たとえば、トランスナショナルなメディアについて言えば、ＣＮＮやＦｏｘに代表されるアメリカのグローバル・メディアが、とりわけ9・11以降の世界情勢のなかで、ジャーナリズム・報道機関としての性格を著しく変化させ、アメリカの利害に対立する様々な集団や勢力の声を伝えていないとの厳しい指摘がある（Kellner, 2005; Sreberney & Paterson, 2004）。ロビンスとモーレイの指摘に戻るならば、トランスナショナルなメディア・システムおよび巨大なメディア・コングロマリットの実践はグローバル化に対応した政治文化の創造に敵対し、むしろ脱政治化と私生活主義を強化するような作用を及ぼしていく可能性すらあるという（Morley & Robins, 1995）。トランスナショナルなメディアであること、つまり国境を越えて情報・イメージを伝達することは、ナショナルな利害を超えて、多様な主張を「包摂」した「開放性」の空間を構築することを直接的に意味するわけではないということだ。

いま述べたことは、ナショナル・メディアについても同様に指摘できる。依然として多くのメディアはナショナルというコンテクストに置かれ、そのコンテクストを継続的に再構造化してもいる。しかし、繰り返し強調したように、これまでナショナル・メディアによってマイノリティとして表象されてきた、エスニック・マイノリティやセクシャル・マイノリティ、あるいは少数言語使用者や障害者、といった社会的主体からの異議申し立てがあるなかで、マイノリティの参加と自己表現の機会を広げ、自国中心主義的なナショナル・アイデンティティを見直すことを目指した、ＢＢＣの取り組みも生まれている（小川 2006）。より「開放性」の高いメディア空間の構成を目指す、ナショナル・メディアの変化についても注視する必要がある。

電子メディアに関してはより慎重な考察が必要であろう。アーリーは、現代の社会生活の重要な特徴の一つに移動性を挙げ、空間的な近接性なしにコミュニティを生み出すことができる電子的な場所性について指摘する（Urry, 2000, 73-74）。問題はこの電子的コミュニティの特性である。現在、その特性に関して二つの相反する知見が出されている。ひとつは、社会関係を組織する手段として地理的近接性の意義が減少するのに伴って、電子的コミュニティが社会的紐帯の維持や支援、社会的アイデンティティを提供するネットワークとしての役割を果たすことが期待されている。とはいえ、それは既存の関係を支えることはできるが、継続的に新たな関係を生み出すことは稀であるという主張が存在する（Calhoun, 1998; Delanty, 2003）。コルホーン（Calhoun）やデランティ（Delanty）は、電子メールの利用の多くは、家族や友人、仕事の同僚、サークルの仲間などであり、「その結果、インターネットの拡大が共通の絆に基づく既存の社会関係を促進し、強化し、それに新たな表現の可能性を付与し、距離に順応できるようにするという意味では、そのインパクトによって再伝統化が進行する」（Delanty, 2003, 250）と論じる。「多くの活動分野の人々を結び合わせるネットワークというよりも、単一の関心事の共有を基盤とするコミュニティである可能性が高い」というのだ。それに対して、電子的ネットワークが多様な人々のあらたな繋がりを創り出し、彼らの社会的関係に新しい側面を付加する機能があることを重視する主張もある。電子メディア以外の他の方法では、共通性をもちえなかった、非常に個人化された諸個人からなるネットワークの可能性が広がったというのである。カステル（Castells）が指摘する「個人化されたコミュニティ」のネットワークである（Castells, 2001）。

ふたつの主張の妥当性をいま性急に判断すべきではないだろう。電子メディアを通じた情報のグローバルなフローと人々の移動の両方が、同時に、しかも離接的な仕方で、流動状態に置かれるために、文化の生成の場が不規則性を帯びてくるとアパデュライは述べたが、上記の「ディアスポラの公共圏」の議論でも示唆されたように、電子ネットワークの可能性は、たぶんどちらの方向にも開かれているのであり、特定のコンテクストごとに検証していかねばならないだろう。

メディアスケープの構成における国家の役割

この点で指摘したいのは、メディアスケープを構造化する諸要因のひとつとしての、国民国家ないし政府の位置と機能をめぐる問題である。アパデュライは「国民 - 国家が想像界の点でも、国家装置の点でも、あるいは両者を結びつけているハイフンの強度という点でも」、その自明性を失い始めているとの認識を提示した（Appadurai, 1996, 47）。Nation（民族、国民）とState（国家）との乖離、そしてこの条件の下で国家の機能が低下しているとの彼の議論は、「国民」と「国家」が唯一無二の関係として地政学的な実態に融合している状態が終焉を迎えていると指摘するデランティの議論にも見られるように、たしかに現在の変化の重要な側面を捉えている。しかし、現在のメディアのグローバル化に即してみる限り、国民‐国家の自明性のゆらぎを強調するこうした議論は、グローバル化のなかでメディアスケープを造形するに際してはたす国家の役割とその変容を十分明らかにしているとは言えないように見える。グローバル化のなかで国家の重要性が失われたわけではない。重要なのはグローバル化への対応のなかで、メディアスケープの構成にかかわる国家の役割の転換・変化を注視することである。

東アジア地域に限定して言えば、一九九八年の韓国政府による日本のポピュラー文化移入の第一次開放政策にはじまる開放政策、あるいは一九九六年の台湾政府による開放政策が行われる前に、日本文化が非合法のかたちで消費されていたことが象徴的に示唆するように、国家の管理や規制が万能ではないし、今後も国民国家の規制を掻い潜るような情報・イメージの移動と消費が拡大していくだろう。しかしメディアスケープの具体的な姿はいまだにナショナルなコンテクストに規定されていることも確かである。衛星放送やＣＡＴＶ事業に対する外資の導入が一部緩和されているとはいえ、地上波放送については外資の導入を全面的に禁じている日本も例外ではない。また、グローバル・スタンダードに適合しつつ独自のスタイルを備えた文化商品を生産すべく映画産業やアニメ産業の育成に向けて政府が積極的に投資を行った韓国に代表されるように、多くの国々で「文化政策」の充実が謳われ、ナショナリティのブランド化といった新たな動向の指摘もある（岩渕 2004）。さらに、政府による広報活動の積極的な展開も見過ごしてはならない。情報のフローの多元化は、大衆的な合意調達に向けた国家の欲望をこれまで以上に拡大させ、戦争報道に典型的に見られるように、国家が情報の管理と統制を強めている（Cottle, 2003; Louw, 2001, 2005）。

再度強調するならば、グローバルな情報・イメージの移動は、けっして単純な空間的拡大ではありえないし、一方的な脱領土的な越境ではありえない。それは、マーケットの論理に主導された多国籍のメディア企業はもとより、情報のフローを管理し、みずから積極的に情報フローを組織しようとする国家など、複数の法や機関によって、監視され、格付けられた、複合的なパワーによって規定されているのである。

情報・イメージを消費する場の歴史的規定性

電子メディアがグローバル・ローカルに重層するなかで、幾重にも屈折し、流動する空間の問題を考察する際に見過ごすことができないのは、オーディエンスが情報やイメージを受容し再文脈化する場の歴史的規定性である。伊藤は、台湾社会で九〇年代に日本の文化商品が解禁となり、日本ブームが成立した過程には、それ以前の日本音楽のカバー曲の受容や映像／音楽の海賊版（盤）の普及という長い歴史過程が存在したことを指摘している（伊藤2004）。九〇年代に入り、突然、台湾社会で日本文化が消費されはじめたわけではない。植民地時代に対する「ノスタルジー」も含めて日本文化に対する複雑な受容過程が存在し、それが身体化、記憶化される、重層的な過程があってはじめてその後の日本ブームが現出したのである。しかも、より広い文脈に照らして見るならば、日本ブームの基底には、国民党政権下で強力に推し進められてきた「中国化」政策に対する不満と抵抗、そして民政党政府による「台湾化」政策、台湾市民の民主化要求の高まり、さらにこれまでは文化の発信や受容の主要なエージェントではなかった女性、しかも一〇代から二〇代の若い女性の自己主張の高まり、といった政治的文化的な構造的変化がある。つまり、日本ブームは、五〇年におよぶ植民地化と戦後のポストコロニアルな歴史を背負った台湾の文化的コンテクスト、さらに八〇〜九〇年代に生起した複雑な政治・文化的な変化との関連のなかで生まれている。

韓国においても、公的な流通回路が存在しなかった過去数十年の間でも、日本の漫画や小説やレコードが「海賊版」や「非合法商品」といった形態をとって韓国社会に移入してきた歴史過程がある。ただし、八〇年代中葉までは、戦前の日本による過酷な韓国支配の記憶や韓国政府が掲げる民族主義と反日という国家統治イデオロギーが強い力を発揮していたために、日本のポピュラー文化は「レベルが低い文化」「浅はかな文化」とみられて、大衆性をもちえなかった（キム・ヒョンミ2004）。こうした状況に変化が訪れるのは一九八〇年代後半である。ＣＤ

や映画やドラマのビデオテープが非合法で台湾や日本から移入されるなかで新しい受容層が登場し、現在ではインターネットを利用して日本文化を享受する多くの同好会なども生まれている。そしてまた彼らも、台湾の文化的社会的文脈とは異なるものの、主流の韓国文化の受容者と比較してみれば、自らの文化的嗜好を公的な空間に積極的に声を出していくことが困難な存在であった。このような歴史の重層性と文化消費の階層性の下に、「政治的イデオロギーと文化的嗜好を分離して考えることができる」受容者たちが成立したのである。

これら一連の研究は、トランスナショナルなメディアと文化の移動と消費の複雑な関係を現代の局面だけで理解することは困難であるということをよく示している。私たちは新たなメディアスケープの形成、そしてその下でオーディエンスによって多様に編制された「メディア・ランドスケープ」を通じた文化受容の多角的な意味を、歴史的な規定性を帯びた非同一的な場所性のなかに位置づけ、掘り下げて見ていく必要があるのだ。

小括

文化帝国主義批判の理論を内在的に批判したカルチュラル・スタディーズのメディア研究、さらに新しい地理学や文化人類学の問題関心とも結びつきながら地政学的なアプローチを批判的に摂取してきたメディア研究のトランスナショナルな視座は、従来のナショナル・メディアによって規定されたメディア機能の理解を超えて、ローカル・ナショナル・トランスナショナル・リージョナルな空間が、複雑に捩れ、つねに変化する複合的な過程であることに注目し、この新しい空間の政治性や社会性の解明に焦点を当てた。

グローバル化は、誰にとって、いかなる条件として、いかなる可能性としてたち現れているのか。とりわけ、これまで政治参加や公共空間へのアクセスの機会を奪われてきた社会的マイノリティにとって、情報とイメージのグローバルな交通がいかなる歴史的意義をもつのか、トランスナショナルな視点の下で、これらの問題が明らかにされつつある。また一方で、メディアの空間編制と消費にかかわる空間論的な研究視点は、これまで対立的に語られることの多かった政治経済学的分析と文化研究の「不毛」な二項対立図式を乗り越え、情報の生産と移動そして消費が交錯する「クロスロード」の解明に寄与しつつあると見ることもできる。

しかし翻ってみれば、私たちはこの新しい「メディアスケープ」と「メディア・ランドスケープ」の輪郭を解明するほんの一歩を踏み出したにすぎないとも言える。各メディアに特化した研究に埋没するのではなく、そこに内在しながら、グローバリズムに規定されたメディアスケープのマクロな秩序の水準と、トランスナショナルな情報・イメージの消費の水準が交錯する「クロスロード」の政治性を問う批判的な社会理論を編み出していかねばならない。そのためにも、トランスナショナルな視点に立脚した実証的な研究が、日本においてもますます展開されることが期待される。

注

（1）本章では「メディアスケープ（mediascapes）」をアパデュライの規定にならって、新聞社や出版社、テレビ局、映画製作会社から大小様々な電子情報提供企業や個人的なサイトにいたる、情報を生産し配信するエージェントによる情報とイメージのフローの空間の様相と規定する。情報を生産・配信するエージェントの能力に応じて、想定するオーディエンスがローカルな範囲か、ナショナルな範囲か、トランスナショナルな範囲か、ハードウェアの種類が電子媒体かそれ以前の媒体か、情報の種類が娯楽かそれ以外の情報かなど、様々な情報のフローの様相が見られるわけだが、重要なのは個々のメディアによる情報のフローの総体としてのメディアスケープが「想像の自己、想像の世界の構築する新たな資源と規律を与える」基盤であることだ。それに対して「メディア・ランドスケープ（media-landscape）」という概念は、歴史的に状況づけられたオーディエンスによってテレビやインターネットなど相互に関連しあった複合的なメディア環境が構築されている様態を指している。ジェンダー間の差異、年齢の相違、エスニシティの相違に応じて、多様な「メディア・ランドスケープ」が組織され、彼らの利害に応じて様々な自己イメージや世界イメージが想像されていく。

（2）筆者は、「理論」あるいは「理論構築」を、分析対象分野における要因の特性やその相互関係、変化の趨勢などに関する仮説を提示し、実証研究によって検証されうる（されるべき）「論点」を記述したものと考えている。西原の整理に従えば、本章の立場は「中範囲理論」のなかの「概念図式としての理論」を標榜するものと言える（西原 2006）。ただし、本文でも強調したように、本章の目的は「概念図式としての理論」を構築するための基礎作業を遂行することにある。

（3）　文化帝国主義論は近代化理論に対する批判的なモデルとして注目され支持を集めていた従属理論の観点に従って、グローバル化のなかのメディアとイデオロギーの問題を捉えようとしたと言える。七〇年代のこうした研究状況と結びつきながら、ユネスコが一九八〇年に欧米以外の地域通信社・新聞社の発展と情報発信を促す「新情報秩序」を提唱したことも想起しておくべきだろう。

（4）　イギリスのカルチュラル・スタディーズあるいはメディア研究が「空間」の問題にずっと無自覚であったわけではない。よく知られるように、二〇世紀のメディア経験を「移動する私生活」と規定したウィリアムズ（Williams）はもとより、シルバーストーン（Silverstone, 1994）、モーレイ（Morley, 1980）等はいずれも、テレビがドメスティック・メディアとして「家庭」という空間を構成し、また逆に「家庭」という空間にメディアが様々な形で規定されていることをテーマ化してきた。またそうしたメディア消費の「ドメスティックな空間」が他方で「ネーションの空間」としても組織されてきたことも論じられたのである。しかし、モーレイが一九九二年の著作の終章で自覚的に論じたように、メディアスケープの全体の編制がこれまでのテレビ放送のようなネーションの空間を一元的に構成するメディアから、グローバル・ローカルな経験を断片的に組織するメディアに移行しつつあるなかで、「家庭」という空間がグローバルなものに貫かれた空間としても組織されており、こうした日常生活の経験の変容をマクロな権力の編制の問題と関連づけて把握するためには、テクストの消費や解釈の過程をメインに据えた分析から、メディア消費の地政学的探求へと、メディア文化研究の視点をシフトさせていく必要があった、と見なすことができよう。

（5）　ＥＵの政策として The Media Programme, European Cinema and Television Year（1988）、The Race and Audiovisual EUREKA Programmes などが挙げられよう。これらはいずれも、「国境なきヨーロッ

パ（Europe without Frontiers）」「国境なきテレビ（Television without frontiers）」をスローガンに、ヨーロッパのメディア産業・市場がアメリカと日本のメディア・コングロマリット（media conglomerates）に対抗して「グローバル・プレイヤー」となることを目指したものと言える。この政策の問題点については花田（花田 1999）が指摘している。

（6）こうしたメディア実践に関しては、例えば、Couleur Local, Belgium; Radio Multikulti, Berlin; Radio OneWorld, Ireland; Colorful Radio, The Netherlands; Sesam, Sweden などラジオが中心であるが、Muslim News（http://www.muslimnews.co.uk）, The Arab internet Media Network（http://www.amin.org）, the Arab Press Freedom Watch（http://www.apfwatch.org/en）などの電子ネットワークも広がっている。

第六章　移民・移動と公共空間のデザイン

――「FMわぃわぃ」のメディア実践

はじめに

グローバル化が急速に進展する現代において、国民（的）アイデンティティと文化の多様性の関係は多くの論争を巻き起こしてきた。移民や被植民者の「同化」や「統合」を進め、「一つの国に一つの文化」という「近代主義的」な自己理解に捕われてきた国家にとっても、一九七〇年代以降にはじまる大量の移民による民族的・文化的多様性の増大や顕在化、さらにこれまでも抑圧され不可視化されてきたマイノリティの存在にかかわる問題が顕在化するなかで、文化の多様性についての深い認識が求められる時代になったといえるだろう。文化的多様性の承認は、それを望む・望まないにかかわらず、現代社会にとって避けて通れない課題である。しかし、問題は、それをどう実現するかである。このような課題のなかで、メディアはいかなる役割を果たせるのだろうか。この章では、こうした問題を考察していくために、小さな放送局のメディア実践に目を向けることにしよう。

一　小さな放送局のはじまり

多言語の声が街に響く

山本幸男さん、六〇歳。神戸の長田区、長田神社前商店街にある『菊水せんべい』の四代目のご主人である。神戸生まれで、商業高校を卒業後、京都で仕事をした後、神戸に戻りいまの『菊水せんべい』に婿入り、先代の三代目の主人から「せんべい焼き」の技術を叩き込まれた。いまでは神戸の名物「かわらせんべい」ではどこよりも美味しいとの評判である。一〇年ほど前からは、商店街の副理事長を務め、「山本さんに頼めばなんとかしてくれはるわ」といった具合で、メンバーからの信頼も抜群、本業の「せんべい作り」の時間を割いて、商店街のアーケードの雨漏りの相談や蛍光灯の修理やら細々したたくさんの仕事をこなしている。幼い頃から機械好きで、ラジオ受信機を自分で制作し、長いことアマチュア無線もやっていたという。とりわけラジオが好きで、リクエストはもちろん、大阪で開かれる公開放送やサテライトスタジオにたびたび出かけた。「このおしゃべりしているやつがどんな顔しているんやろ、と思って、顔を見るのが楽しみやった」と話してくれた。当時は、笑福亭仁鶴と上沼恵美子のファン。彼らの話を聞くのが「頭の体操やった」という。山本さんの話を聞いて、筆者も、山形の片田舎で、中学時代に、大阪の毎日放送から流れる「歌え！ＭＢＣヤングタウン」（当時は「ヤンタン」の愛称で呼ばれた）の桂三枝のお笑い話に心ときめかせ、翌日はその話でクラスの仲間と盛り上がったことを急に思い出してしまった。一九七〇年代の時期は、深夜にラジオを聞くことが若者の一種のサブカルチャーで、テレビ以上にラジオが大きな比重を占めていた。

無線やラジオ好きで、あまり外には出ない性分だった山本さんが外に出るようになったのはほぼ一〇年前だ。それからは、長田区に住むさまざまな人たちとの交流が始まり、地域の活動の一環として開かれるお祭りでは、手製の巨大なロボットや怪獣を製作して子どもたちを喜ばせている。「簿記やそろばんより、機械をいじるのが好きやったからなぁ、なんで工業高校にいかへんやったのかと、今でも思うわ」と語る山本さんが、毎週、足繁く通う場所がある。同じ長田区で、愛用のバイクで五～六分のところにある「ＦＭわぃわぃ」だ。

いつ頃から「ＦＭわぃわぃ」に顔を出すようになったのか、あまりはっきりしないが、「同じ長田区に、ラジオ局があるって」と聞いたことがどうもきっかけのようだ。若い頃からラジオ好きだったことも理由の一つかもしれない。「ＦＭわぃわぃ」に通い始めてから山本さんは、自らが副理事長を務める長田神社前商店街に設置した有線放送を通じて「ＦＭわぃわぃ」の番組を商店街のお店で流すことを思い立ち、その企画は実現することになった。古くから続く商店街に、韓国・朝鮮語やベトナム語、タイ語などが話され、その声が流れている風景を想像してみよう。リスナーはたぶんその言語を理解できない。また真剣に耳をそば立てて聞いている、というわけでもないだろう。しかし、それでも、自分の周りに、自分のすぐ傍に、異なる文化を背景に育ち生きてきた、そしてこれからも日本に定住して生きようと決意した人々がいることを、ラジオからの声は確実に伝えてくれる。それは、一つの国家にはひとつの言語しかない、あるいは一つの言語しかいらない、という幻想にしがみ付いてきた日本社会とメディア空間の画一性から私たちを解き放ってくれるのではないだろうか。

多言語コミュニティFM局「FMわぃわぃ」の誕生

メディア研究者の間ではかなり知られているとはいえ、読者の中にこのFM局を知る人は多くはないと思う。ベトナム語、タガログ語、英語、韓国・朝鮮語、ポルトガル語、スペイン語、タイ語、中国語、アイヌ語そして日本語を加えて一〇の言語で放送している、日本では数少ない多言語コミュニティFM放送局である。その設立の過程には想像を絶する苦労とドラマがあった。

一九九五年一月一七日、阪神淡路大震災が発生する。死者六〇〇〇人を超える（正確には六四三四人と言われている）大災害であった。「FMわぃわぃ」がある長田地区は、地震による直接の被害のみならず、木造の家屋が密集していることもあって、多くの民家や建物が火災に見舞われ、神戸市の中でももっとも被害が集中した場所である。避難場所の一つである南駒栄公園には震災直後から、崩壊した家や火災で焼け焦げた家から逃れてきた人たちが集まり、避難生活が始まる。その数、約二九〇名近くだったという。この二九〇名の内、一九〇人がベトナム人、残り一〇〇人の中で三〇人がコリアンの人たちだ。当時から、一〇万人の人口を抱える長田区には、その一〇%、つまり一万人近い定住外国人が生活していた。彼らもまた家を失い、公園に避難した。この南駒栄公園以外にも、鷹取中学、兵庫高校など数多くの場所に、住む家を失った在日外国人が集まった。ところが、この避難生活でさまざまな問題が生まれる。まずなによりも二九〇名の人たちのコミュニケーションがとれない。震災の被害状況や救援情報も日本人以上に韓国・朝鮮人やベトナム人には伝わらない。(1)

震災前の時期、在日韓国・朝鮮人や日本人が経営するケミカルシューズの工場で多くのベトナム人が働いていた。したがって、長い間、この地区のケミカル工場や産業を支えてきた韓国・朝鮮人の人々と日本人やベトナム人との間で深いつながりを持った人々が多く存在した。しかし、地域の中で、ベトナム人が日本人や韓国・朝鮮人と、共に住む地域住民として相互に関わり合うことは少なかった。お互いに出身国が違い、文化が違う人たちが居住していることは感じながらも、面と向かってコミュニケーションを取り合うことはなかったのだ。そうした彼らが、緊急避難のために一つの箇所に集まり、共同生活を始めるようになったからといって、急にコミュニケーションができるようにはならない。もっともなことだ。そこには、「言語の壁」そして「心の壁」があった。そしてまた差別意識もある。たとえば、些細なこととはいえ、食の文化の違いも対立や差別的感情を誘発するきっかけとなる。ベトナムの人たちにとって、大量の食品を買い溜めすることはごく普通の日常生活のあり方だった。いつ戦禍に巻き込まれてしまうかもしれない厳しい状況の下で生活することを余儀なくされ、ベトナム戦争を潜り抜けてきたベトナムの人たちにとって、多くの食料品を保存することは「生きていくこと」そのものに結びついた生活習慣だからである。そのため、震災の直後、彼らは破壊された自分の家やアパートの中の冷蔵庫から食料品を運び出して、公園で焼肉パーティーをはじめることもあった。そうなると、「あいつら、どこからか肉を盗んできたんとちゃうか」といった発言が飛び交い、対立が表面化する。断水状態が続き、飲料水の確保が困難になれば、その取り合いでまた対立が生じる。皮肉にもこうした葛藤や対立が沈静化していくのも、食料の分配を通じた共同作業からなのだが、いずれにしても震災を通じてはじめて、日本人も、ベトナム人も、同じ地区に異なる文化や歴史を背負った人たちが住んでいることを肌で感じながら、相互に接触し、コミュニケートする必要性に迫られたのだ。

在日外国人や日本人が混住しながらテント生活や学校・公民館での共同生活を強いられた困難な時期に、地元の教会組織やボランティアが「被災ベトナム人救援連絡会」を組織して、援助活動や翻訳作業を始めたのが一月二八日、震災から一一日後である。またその直後には、大阪生野区の在日韓国人が運営していたミニFMの「FMサラン」のスタッフが駆けつけ、同胞に被害救援情報を伝えるためにラジオ放送「FMヨボセヨ」を始める。一月三〇日のことである。どちらのケースも、正確な情報、必要な生活情報が「言語の壁」で届かない状況を打開するために手探りではじまった活動だった。そして「FMヨボセヨ」「FMサラン」の協力で、カトリック鷹取教会を拠点とするボランティアの救援基地（当時の正式名称は「鷹取教会救援基地」）の中に、ベトナム人向けの放送「FMユーメン」が開局したのが四月一六日のことである。「ユーメン」とはベトナム語で「友愛」を意味する。ベトナム人向けとはいえ、ベトナム語だけでなく、フィリピン人向けのタガログ語、スペイン語、英語、そして日本語、の五つの言語で伝える多言語放送である。この局の設立に関わったのが、現在「FMわぃわぃ」の代表を務める日比野純一さんだ。救援活動や食料の配給の情報、病院や医療活動にかんする情報、またこうした緊急の救援情報以外にも厳しい生活の中で前向きの気持ちをもってもらうために各国の音楽を流したという。素人による、まさに手作りの放送である。いまは「FMわぃわぃ」の総合プロデューサーを務める金千秋さんは当時の様子を次のように語ってくれた。

日本人と定住外国人との間に感情的な対立が生まれ、時には「ベトナム人が食料を奪っている」といったデマが流れて差別意識が発生することもあった。「だが、人は誰でも人を助ける」、彼女が震災を体験したなかで得た、これが率直な感想である。

震災直後から、定住外国人の多い長田区には大阪の民団の人たちや多くの留学生も駆けつけ、救助作業や炊き出しなどの救援活動に参加する。韓国から来たTVクルーも神戸の災害の悲惨な状況を伝え、そのおかげで韓国からも多くの救援物資が届く。対立や葛藤があるなかでも日本人と在日外国人の人々の間に協力関係が生まれる。こうしたなかで、ボランティア数人が交代ではじめた「FMヨボセヨ」には「外国人が外国人のためにという意識はまったくなかった」という。同胞に向けた韓国・朝鮮語の放送とはいえ、時には日本語も交えた、被災した長田区のコミュニティに住む人びと全員に向けた放送だからである。「FMユーメン」も、五つの言語による放送であることが示すように、一つの特定の民族に向けた放送ではない。民族の境界を越えた、地域社会に住むさまざまな被災住民に向けた、そして被災住民自らが相互に励まし、声を上げるメディアとしてはじまった。こうした多くの人々の姿を、金さんは「人は誰でも人を助ける」という言葉で表現したのである。

「FMわぃわぃ」は、この「FMヨボセヨ」と「FMユーメン」という二つの小さな局を一つにまとめるかたちで、上記の長田区の救援活動の一つの拠点であった「カトリック鷹取教会」の敷地に仮設のラジオ局を設置して、震災から約半年後、一九九五年七月一七日に放送を開始する。設立の理念は、マイノリティ自身が主体的に参加しかかわるラジオ、それを通じて地域社会の中で多民族・多文化共生の実現をめざすコミュニティFMラジオ局である。大震災という未曾有の事態が生み出した無許可の「海賊放送」、小さな放送局の誕生である。

長田区という東西三キロ南北五キロほどの小さい地区の出来事ではある。しかし、毎日、定期的に、韓国語やベトナム語をはじめさまざまな言語が飛び交い、音楽が流れるメディア空間が開かれたのだ。このほんの小さな出来事、しかしそれは日本のこれまでのメディア空間に新たなページを開く画期的な出来事だったといえる。

二　長田区の中のコミュニティFM局

長田区という街の特徴

神戸と言うと横浜と並ぶ「国際都市」という華やかな印象を抱く。元町の南京町には中華街があり、三宮は関西でも有数の繁華街で、山の手地区の北野には「異人館」と呼ばれる洋館が立ち並ぶ一大観光地がある。この中心部から電車で一五分ほど西に移動したところが長田区である。北の山の手には長田神社があり、南の海側には明治大正期から栄えた商店街があり、昔から続く街並みがある地区だ。この長田区に、在日韓国人の多くが居住し、一九八〇年代にはベトナム人の多くが住むようになった。このことにはもちろん理由がある。港湾で働く労働者が住み、「ゴム製品製造業」を中心とした従業員数が「四人〜九人」「一〇人〜一九人」という零細な工場が集中していたこの地区には家賃の安いアパートが多く、在日韓国人が職を見つけて住むには格好の場所だったからである。また、ここで述べておきたいことは、戦前から戦後にかけて、この地区には奄美諸島や沖縄からやって来た多くの人たちが居住していたという事実である。敗戦の時期には、約二〇万人に上ると言われる人たちがいわば「国内移民」となって、本土の各地で暮らしていた。その中でも関西地区に来た人々の多くがこの長田地区で暮らしていたのである。奄美・沖縄がアメリカの統治下に入った戦後も、彼らは「密航」という手段で本土にわたり、安いアパートが集中していたこの地区に居を構えた。難民として日本にやってきたベトナム人にとっても、奄美や沖縄から来た人たちにとっても、長田は生活を支えてくれる重要な地理的空間だったのだ。

現在、神戸に住む在日外国人の総数は四三六五一人に上る（二〇〇七年時点）。その内訳を見ると出身国の違いで居住する地区が異なることがわかる。国籍別で見た場合に登録外国人がもっとも多いのは「韓国又は朝鮮」で、その数が二二〇三一人、その内長田区に居住する人たちがもっとも多く六〇一七人を占める。「ベトナム」も一三三四人、そのうち過半数を超える七九〇人が長田区に住んでいる。ちなみに中央区には「中国」や「インド」の国籍をもつ人が多く、東灘区には「ブラジル」（六〇三人のうち三四二人）、「ペルー」（二〇八人のうち九三人）が多い。[2] 長田区の特徴がここからもよくわかる。震災が起きた一九九五年でもほぼこれと同様の地域的特徴がみられる。一九九五年時点で、ベトナム国籍の人が九八五人、「韓国又は朝鮮」の人が二五三八〇人、その多くが長田区に住んでいたからである。「FMヨボセヨ」と「FMユーメン」が開局し、その後「FMわぃわぃ」が設立された背景には、昔から低賃金の労働者が居住する地域であったこと、そこに奄美や沖縄から来た人々や多くの在日韓国・朝鮮人がともに住む街に変化し、さらにその後、その多くが零細なケミカルシューズ工場で働くベトナム人が居住する街へと変貌してきた、戦前から戦後にかけての長田の歴史が深くかかわっているのである。こうした歴史の層に八〇年代以降に日本社会が直面したグローバル化が重なって、現在の長田区の地域的特徴がつくりあげられてきたのだ。

東南アジアから、あるいは中東から、さらに南米から日本に来て働く労働者が急増する中で、東京の大久保地区や池袋、さらに群馬県の太田市や静岡の浜松市など地方都市でも見られたように、神戸でもアパートの入居を外国人だからという理由で断られるケースも少なくなかった。そのため、ベトナム人の多くは数少ない公営のアパートやようやく入居を認めた民間のアパートに何世帯も集中して居住するケースがほとんどだった。こうした生活環境の中で、日本人との交流もほとんどなく、日本語を学ぶ環境も、学ぶことの必要性を感じることも乏しい生活をベトナムの人たちは送ってきた。唯一、職場の関係を除けば、彼らが日常的に交流できる空間はカトリック教会のみであったという。ベトナム人が難民として日本に来てからすでに一五年近い年月が経過していたにもかかわらず、そして二世が誕生し彼らが小学校に通う頃になっていたにもかかわらず、震災に直面して本当にはじめて、日本人とベトナム人が同じ地区に住む、同じコミュニティで生活を共にする隣人として出会ったのだ。こうしたなかで「FMわぃわぃ」は生まれたのである。

多民族・多文化共生の実現をめざして

「FMわぃわぃ」が開局した当時、スタッフの数はわずか三人である。復興に向けた歩みがようやくはじまるこの時期に、定住外国人とともにこの地区に住む日本人にも必要な情報を伝えよう、「ふっと安心できる」情報や音楽を伝えよう、という意気込みで取り組んだ。ただ、いくら緊急時とはいえ、「海賊放送」を続けるわけにはいかない。だがその一方で、放送を必要としてくれる人たちがいる限り、放送を止めるわけにもいかない。こんなジレンマや悩みを抱えていた時期にやってきたのが旧郵政省の大隅さんである。彼が神戸を訪れたとき、「無許可の放送を停止せよ」と言い渡されるのかと思いきや、彼の口から出てきたのは「一年先のラジオ放送局開設に向けて免許申請を出してくれ」というアドバイスだった。当時は、放送事業をおこなうには株式会社を設立し、最低でも一千万円の資金が必要だった。現在では、京都のコミュニティFM「京都三条ラジオカフェ」のように、NPO組織が放送事業の主体となるFM局も設立できるようになったが、一九九六年の時点では株式会社を設立するしか手がなかった。一千万円を工面し、幾多の苦労の甲斐あって、震災からちょうど一年後の一九九六年一月一七日に「株式会社エフエムわぃわぃ」が正式に発足した（二〇一〇年七月三日、特定非営利活動法人エフエムわいわい、となった）。

当時は、これまでにないラジオ局として注目はされていたものの、スポンサーは少なく、資金繰りも苦しいなかでの船出で、その後の歩みも順調に推移したわけではない。先に紹介した金さんによれば、震災から三～四年が経過した頃は、救援活動の一環としての局の活動に対する問い直しを迫られる時期でもあった。緊急の救援にかかわる役割の比重が低下する中で、「何のために放送を使うのか」「たんに外国語を使っているというだけの放送でよいのか」、こうした根本的な問いの前に立たされた。そこから生まれたのは、定住外国人が参加する多言語・多文化の局であることを基本にしつつも、身体に障害をもつ人や老人の方々を含め、地域に住むさまざまなマイノリティの人たちの声を伝えるメディアであろうとすることの重要性をあらためて認識することだったという。それは文化や民族の違いを背負う者同士が集まることの楽しさや力を伝えることでもある。あるいはさまざまな障害をもつことや闘病生活を経験することではじめて見えてきた視点を語り合い伝えることでもある。こうした広い意味での少数派、つまり自分の横にいる普通の、しかしなかなか声を上げることのできない少数派の意見を伝えること、コミュニティFMの意義がこの点にあることを再認識したのである。

とはいうものの、株式会社の組織形態をとる限り、リスナーを増やし、スポンサー獲得を重視する必要もある。そのために、音楽番組の枠が増加して、他のFM局との違いが薄れてしまい、経営的にも行き詰まる時期もあった。二〇〇三年頃のことである。その時には、事態を打開するため、再建委員会が組織され、厳しい議論が闘わされたという。その討議から生まれたのは、定住外国人をサポートする局、市民が参加する局、そして長田区の、市民の、多文化共生を実現するコミュニティの形成・維持に資する局、という「FMわぃわぃ」が設立の当初から掲げた三つの原点に立ち戻り、再出発することであった。現在の局の特徴やプログラムの基本はこうした過程を経て形づくられてきたといえるだろう。

多文化プロキューブの戦略

ところで、資本金が一千万円の小さなFM局が、なぜ長期にわたり経営を維持できるのか、しかも長田区という一〇万人足らずの地域のリスナーを対象に、しかも一〇の言語を使った局がどうして運営可能なのか。全国の多くのコミュニティFM局が経営的にきわめて厳しい環境におかれ、市民に開かれた局を目指しながらも、スタッフの数の少なさ、わずかな制作費、そして番組制作スキルの未熟さなどの要因が絡まりあって自主制作の番組をつくることすら困難な状況にある。そうしたなか、この多言語放送局は、二〇〇名近いボランティアと専属のスタッフを抱えながら自前の番組を創り続け、生き生きとした活気に溢れる活動を続けている。その理由はどこにあるのだろうか。

その最大の理由は、「FMわぃわぃ」が単独で放送事業をおこなっているわけではないという点にある。震災の救援活動から始まったさまざまな組織や団体の人たちとの多層的なネットワークを基盤にして、放送事業が営まれている。そのネットワークの中核をなしているのが、「コミュニティ放送局FMわぃわぃ」「多言語センターFACIL」「ワールドキッズコミュニティ」「AMARC日本協議会」という四つの団体から形成された「多文化プロキューブ」というグループである。[3] 言い換えれば、「コミュニティFMわぃわぃ」はこうした団体と密接なネットワークを形成しながら、団体同士が知恵と人材を提供しあう相互関係を土台にして活動している。「FMわぃわぃ」

の活発さやポテンシャリティの高さはこのネットワークの厚みから生まれているのである。グループの一翼を担う「ワールドキッズコミュニティ」は一九九八年四月から活動を開始、ペルー、ベトナム、ブラジル、韓国など定住外国人家庭にその国の言葉ができる家庭教師を派遣するなどの「学習支援プログラム〝MANGO〟」の活動や、言語や文化、国籍など異なる背景をもった子どもたちが自分たちらしい表現活動を身につけることを目的にした「表現活動〝Re:C〟」の活動、さらにスペイン語圏のコミュニティの自立支援とともにスペイン語情報誌「Mujer Latina」発行（隔月刊のフリーペーパー）などの活動をおこなっている。パンフレットには次のような紹介の記事が書かれている。

滞日化が進み、多様な背景を持つ子どもたちが増加する今日、日本の教育現場において、こうした子どもたちへの対応はまだ不十分です。子どもたちが「違い」を恐れることなく、自己のアイデンティティを確立できる環境作りが必要不可欠と言えるでしょう。多様な言語的・文化的・社会的背景を持つ子どもたち一人ひとりへの丁寧な対応により、子どもとその親、家族が、日本社会に残る単一民族思考を変え、多民族・多文化共生社会を築いてくれることを期待し、私たちは活動を続けます。

定住外国人の子どもたちにとって、日本語教育は日常生活を送る上で欠かせない。しかし、この子どもたちにとって母語の教育もそれに劣らず重要である。家庭における親との間の豊かな会話のためにも、母国の文化を知ってもらうためにも、そして自らのアイデンティティの所在を問い直す上でも。「ワールドキッズコミュニティ」はこうした考え方に立脚して活動しているのである。

グループのもう一つの団体「多言語センターFACIL」は一九九八年六月に多言語通訳・翻訳及び企画を主な業務内容にしたコミュニティ・ビジネス組織として立ち上げられた団体である。この活動の歴史も、震災によって生活基盤を失った約八万人に及ぶ外国人被災者に対する多言語による情報提供や相談などのボランティア活動からはじまった。その後はこの経験を生かして、多言語による生活情報の翻訳や災害時用のデータベース構築をおこなうなどの活動を展開、現在は定住外国人や全国の行政機関、医療機関、そして一般の企業などからの多言語翻訳や通訳の依頼を引き受けるコミュニティ・ビジネスとして事業を展開している。この団体に登録している通訳・翻訳者の延べ人数は五六六人に上る。こうした多くの人たちが、上記の「ワールドキッズコミュニティ」の活動や「FMわぃわぃ」の運営にも参加し、それぞれの団体を支えているのである。「FMわぃわぃ」が単独で放送事業をおこなっているわけではなく、さまざまな組織や団体の人たちとの間の多層的なネットワークを基盤にして事業を展開していると述べたのは、このような有機的に結びついた人的関係が「FMわぃわぃ」の活動を支えているからである。そして逆に、コミュニティFMが存在することで、「ワールドキッズコミュニティ」や「多言語センターＦＡＣＩＬ」に参加する人々が情報を交換し、お互いの活動を評価し、さまざまなプランや知恵を出し合う場が形成される。言い換えれば、「ＦＭわぃわぃ」は、多言語の情報を発信するコミュニティＦＭ局であると同時に、この局自体がマイノリティの人たちの声を届けようとする定住外国人と日本人が共に活動する団体や組織が重なり合う一つのコミュニティ、多文化共生を実践するコミュニティという性格も併せ持っているのである。

三　定住外国人のメディア実践とアイデンティティ

「移住すること」「移住してしまうこと」の境界線

では、長田区を基盤にした「ＦＭわぃわぃ」や「ワールドキッズコミュニティ」そして「多言語センターＦＡＣＩＬ」の活動が、定住外国人の生活や営みとどのように結びつき、どのような変化を作り出しているのだろうか。ここでは二人の人物に焦点を当てて考察を試みよう。一人はペルーからやって来たロクサナさんである。

彼女は一九九一年に来日した。その日付を彼女は今でもはっきり覚えている。一九九一年三月六日。この来日した日を忘れずにいるのは、彼女にとって日本の地を踏むことが不安と、そして大きな期待に満ちたものであったからだろう。「大きな期待に満ちたもの」と述べたが、それは彼女の祖父が日本人であり、幼い頃から「わたしのおじいちゃんが日本人であることに誇りをもっていた」という彼女の生い立ちに結びついている。祖父は沖縄出身で神戸から出発してペルーにやってきた。日本人の祖父とペルー人の祖母の間に生まれた彼女の母親が幼い頃に祖父は亡くなり、日本人コミュニティを離れて暮らす生活になったために母親も彼女も片言の日本語しか話せなかったが、それでも母親から祖父のことを聞かされて育ち、小学校のときに「中国人だ」と言われていじめられた際に「わたしは中国人じゃなくて日本人だ」と言い返すくらいに、一度も顔を見たことがないおじいちゃんを慕っていた。そして「おじいちゃんが生まれた日本にいつかは行きたい」と思っていたという。その思いが叶った忘れがたい日が三月六日なのだ。

一九九一年は日本に働き口を求めてやって来た日系ペルー人がもっとも多い年である。一九九〇年に日本の入国管理法が改正されたこと、そしてこの時期にペルーの経済がきわめて深刻な状況にあったこと、こうしたことが重なり、彼女もペルーの生活では立ち行かないと判断して、観光ビザを使い叔父や従兄弟等一四名で来日したのである。来日後、日本語もほとんどできないまま、すぐに山梨の石和温泉で働いたという。その七ヶ月の期間は言葉も分からない上に、お客のいやがらせにも遭い、文化やハビトゥスの違いによるストレスで身体に変調をきたすほどであった。その後、ペルー人の仲間の紹介で群馬のスバルの自動車工場で夫と一緒に働くようになる。過酷な労働が続き、そこでは夫が病気になってしまい、半年で工場勤務を止め、神戸にやって来たのが一九九二年六月一八日である。友人から紹介されたゴム製品製造の工場ですでに三人のペルー人が働いていた。その時期でも、工場で働く時間、仕事にかかわる会話を日本語でおこなうことが少しできるようになった程度だったという。一九九四年に長男の出産のためにペルーに一時帰国し、日本に戻ってきたのがその年の一〇月、その直後あの震災に直面する。

震災を体験した時には、「このままペルーに戻りたい」と心底から思ったと彼女は語ってくれた。二ヶ月近く中学校の校庭で幼い子供を抱えてのテント生活である。言葉が通じない不便さのなかでも少しは日本ができるロクサナさんがスペイン語圏の人々と日本人の間の通訳をかってでるボランティア活動がはじまる。「FMわぃわぃ」にかかわるようになったのはこうした経緯を通じてだった。つらい生活にもかかわらず、ペルーに戻らなかったのは、神戸の須磨区にある工場で働く生活が経済的に比較的安定していたことによる。二~三年でペルーに戻る、あるいは三~四年で戻る、という気持ちが変わって「日本で生活する」という気持ちになったのも震災後のことである。

一九九二年に神戸に来てからすでに一七年、ロクサナさんは上の子供が小学校に入った時点で工場を辞めて、「FMわぃわぃ」や大阪のFM局「FM COCOLO」のパーソナリティ、そして「ひょうごラテンコミュニティ」の活動や、上述したフリーペーパーのスペイン語情報誌「Mujer Latina」発行など多忙な生活を送っている。(4) 夫はずっと工場に勤め続け、少しは日本語ができるようになり、長男は中学に通い、日本語は完全にマスターしている。とはいえ、家の中での会話はスペイン語なので、長男にはスペイン語の通信教育を受けさせている。下の子は日本で生まれていま三歳半、保育園では日本語、家ではスペイン語の生活、それなりに日本語を理解はしている様子だ。しかし、多くのペルー人家族では、両親が仕事で忙しく、子供の言語環境に関心を払う時間がなく、子供が五〜六歳になってもスペイン語も日本語もできないことに気がつかないケースが多いことが心配だという。だからこそ、自分の子供にも、他の家族の子供たちにも日本語もスペイン語も話せるようになんでもしてあげたい、きちんとしてあげたい、と思う。子供の教育が一番の気がかり。そのためのボランティア活動なのだ。

振りかえってみて、「移民は勧めない」とロクサナさんは指摘する。言葉がわからない、文化が違う、ということがどんなに大変か。そのことを痛感しているからだ。それでも、子供が成長し、日本の生活にも慣れてきたいま、「子供が自分で、日本で働くか、ペルーで働くか、自分で決めてほしいし、その日が来るまでは日本で生活すると決めている」。そして、日本で生活するかぎり、ラテンの人々のコミュニティをしっかりしたものにすることが必要だと思っている。そのために、「FMわぃわぃ」とラテンコミュニティの仕事にまい進する日々を過ごしている。「FMわぃわぃ」の周りに集う人々が築き上げたネットワーク・コミュニティへの帰属意識、あるいは「FMわぃわぃ」のパーソナリティとして毎週一回担当する番組でのメディア活動が彼女のアイデンティティのたしかな一部をつくりだしているのである。

NGOベトナム in KOBE

ガさんは一九八一年に日本にやってきた。ベトナム難民の一人である。父親は北部出身のカトリック教徒で、国を南北に二つに分けるときに南に移住してから商売を営み、生活は安定していた。戦争中も飢えることはなかった。ベトナム戦争が終わったとき、ガさんは一四歳だった。終結後の社会主義体制に適応しようと努力したが道は開けず、父親の判断でベトナムを離れることになる。父親は、一九八〇年に次男を、八一年に長男とガさんを、さらに翌年に三人の子どもをボートピープルとして送り出す。その父親は亡くなり、存命の兄弟九人のうち、アメリカに三人、日本に三人、ベトナムには残った三人と母親がいる。

ちなみにボートピープルとは、一九七五年から一九八〇年代にかけて、ベトナムから、新体制に見切りをつけて、小型船で非合法に出国した人々である。その多くが東シナ海を漂流し、航行するタンカーや貨物船に救助され、難民として第三国に渡った。海賊に襲われ、悪天候で命を落とす例もあるなど、まさに命がけの行動だった。ガさんの場合は兄弟と一緒に、四七人が乗り込んだ小型船で三日間漂流して救助され、最初の寄港地であった香川県小松島で難民として降ろされた。ガさんは、兄弟が三回とも成功したのは、父親のお陰だという。「普通、船主は、もうけるために、五〇人乗りの船に八〇人も乗せて水も食料もあまり積み込まない。そこで、父は、自分も親族も一緒に脱出を計画している船主を探して、子供たちを乗せた。自分の船であれば、下手なことはしない、安全性が高まる」と考えたのである。こうして、ガさんの兄弟は分散してボートピープルとしてベトナムを離れ、アメリカと日本で暮らすことになる。

小松島で降ろされた後、長崎県の赤十字の一時キャンプに送られた。当初は、ガさんも兄弟も、アメリカに行くことを希望し、何度も申請した。だがそれは聞き届けられなかった。ガさんによれば、日本が国際的な非難を浴びて一九七八年にようやく難民受け入れを決定し、一年で五〇〇人、三年で一五〇〇人の受け入れ計画を実行する計画を立てていたために、難民が他の国に出国することを嫌い、できるだけ定住させようとしたからではないかという。ともかく、彼女の希望は叶えられず、日本の生活がはじまったのである。一年半にわたる長崎での一時キャンプ生活の間に一緒に日本にやってきた船主の親族と結婚、日本への定住を決意する。姫路定住促進センターで三ヶ月間日本語を学んだ後、長女を出産、仕事の斡旋を受けて、四国の丸亀で夫は船の修理工場で働き、ガさんはジーパンの縫製の仕事に就いた。一九八三年九月のことだ。仕事に就いたとはいえ、当時の給与は時給で三五〇円足らず。これでは生活ができない。そこで、ベトナム人のネットワークの紹介で八四年に神戸に移った。仕事は、長田区のケミカルシューズ工場、ここでも社会保険も失業保険もなく時給は五五〇円だった。この年から震災までの一一年間、八五年に二人目の子供が、八八年には三人目の子供が、九一年には四人目の子供が生まれ、両親とも日本語を学ぶ時間もなく、子育てと仕事そして親族の世話に明け暮れ、苦しい生活が続く。救いは日曜日ごとにカトリック教会に行くことだった。

　そんな日々のなか、大震災に直面したのだ。震災から四ヶ月間、中学校の校舎での生活が続いた。「家がめちゃくちゃになり、家族六人で公園に座り込んでいたら、毛布を被って皆が同じ方向に歩いていった。誰も声をかけてくれなかった」。ガさんたちは避難所があることすら知らなかったのである。ガさんたちも話せるのは片言の日本語だけだった。これまでほとんど日本人と会話する機会さえなかったベトナムの人たちにとって、すぐにコミュニケーションなどできるはずもない。そこで、日曜日に通っていた教会に移動、そこからようやくベトナム人が多く集まった避難所へ行くことができた。すでに述べたが、この避難生活で、日本人との対立が表面化する。ガさんはじめベトナムの人たちにとっても震災は大変な事態であった。それでも、彼女・彼らにとって、家が壊れ火災に遭い、救援物資のこともなにも分からなかったけれど、「生きていてよかった」という喜びを分かち合う気持ちのほうが悲しみよりずっと大きかった。「避難生活がはじまると、壊れた家に戻り、冷蔵庫から野菜や冷凍してあった肉や魚を持ってきて、煮たり焼いたりして子供たちに食べさせた。戦時下で育ったベトナム人は、何かあったら、すぐに子どもたちに食べさせようと考える。爆弾が落ちても、生活はしていかなければならない。私たちは、焼肉を食べて、生きていてよかったと笑って騒ぎました。どうして助かったのに日本人は辛い顔をしているのか、と思った」という。避難生活で忘れられないもう一つの思い出は、この時にはじめて救援物資として出された日本料理を食べたことだった。ベトナムの人たちは、日本にいながら、食生活など日本における一般的な生活様式とは無縁な、孤立した生活を営んでいたのである。「顔の見えない『隣人』」という関係性、このベールに包まれた関係性に裂け目が生じ、他者に自己の他者として向き合わざるをえない関係が大震災という未曾有の状況の中で生まれたのである。

こうした生活を続けていたベトナム人（定住ベトナム人七五九人、被災者は一三七世帯、四八四人）に対して、カトリック鷹取教会やインドシナ難民事業本部や日本ベトナム友好協会など多くの団体が支援活動をおこなっていたが、救援活動を一本化するために、上述の「被災ベトナム人救援連絡会」が一月二八日に結成される。被災者の状況把握、震災情報の翻訳、炊き出し、神戸市による外国人支援の説明会の要請、さらに仮設住宅ができてからは、生活習慣や文化の違いから生じる問題の解決や住民自治会との調整など、多くの仕事が待ち受けていた。さらに九五年四月には「兵庫県定住外国人生活復興センター」（以下「生活復興センター」と表記）が活動を開始する。「生活復興センター」のリーフレットには「日本社会のなかで、厳しい偏見や無理解にさらされながら街の発展を底辺で支えてきた外国人住民が、街の復興において、就職や入居などの生活再建の場で差別にさらされ取り残されることがあってはならない」と記されている。緊急の救援活動から、定住外国人が生活再建から取り残されないよう生活相談を中心とした支援活動へと活動が広がっていったのである。ガさんがこうした活動とかかわりをもったのはこの時期である。

すでに述べたが、当時、ガさんは、日常会話は片言の日本語がなんとなくできる程度で、災害や医療などに関する専門用語はまったく知らない状態にあった。そうしたなかで、健康相談や医療相談や炊き出しなど避難所やテント村の管理・運営の支援、ベトナム語の震災ニュースの発行や、通訳派遣、「ＦＭユーメン」の放送、申請申込書の援助、仮設住宅自治会や隣人との調整など、膨大な量の活動がはじまった。忙しい日々だったけれど、「片言の日本語だったので、これを機会に正しい日本語を覚えようと考えて専門用語や丁寧語を集中的に聞いて覚え、毎日が新鮮な出来事だった」とガさんは振り返る。「ゴム屋」とはまったく違う「NGOの社会」に、ベトナム人と日本人との間によりよい関係を築く活動に、無我夢中で飛び込んでいったのだ。その後、「被災ベトナム人救援連絡会」「兵庫県定住外国人生活復興センター」は一九九七年二月に統合し、「神戸定住外国人支援センター（KFC）」が設立される。ガさんはベトナム語を話せる外国人スタッフとして働かないかと声をかけられる。当時は、それまでの仕事とは違うので、相当迷ったという。しかし、その迷いを振り切って専任スタッフとして働くことになる。その後二〇〇一年には、ベトナム人の支援のためのNGO組織「NGOベトナム in KOBE」として独立、「FMわぃわぃ」があるカトリック鷹取教会に事務所を構えて、「多言語センターFACIL」「ワールドキッズコミュニティ」のスタッフとの日常的な交流を行いながら活動を続け、二〇〇三年からはその代表を務めている。

ガさんの一番上の長女は結婚して子供に恵まれた。定住ベトナム人三世の誕生ということになる。家の中ではベトナム語と日本語が相互に飛び交う。ガさん夫婦はベトナム語で会話し、子供たちはベトナム語を理解はしているものの「ベトナム語では話したくない」と言って日本語で話す。しかし、八九年から子供たちと一緒に三度ほどベトナムに帰る機会があったが、このベトナムへの里帰りの際には、面白いことに祖母にはベトナム語で話しかけるのだという。結婚した長女も両親と一緒に暮らしていた時期は日本語で話していたが、自分の子供にはベトナム語で話しかけるという。「日本で生まれても、日本で育っても、やはりベトナム人」と思う。それがいまのガさんの気持ちである。

すでに日本に来て三〇年弱の期間が流れ、二世が仕事をはじめ、三世が誕生している。神戸で生まれた二世の多くは神戸に残り（ガさんの話では約八〇％くらい）、二〇％くらいの人たちが他の都市で生活をはじめている。神戸に残った二世のなかには一般企業の事務職に就職する者もいるが、まだ多くは親の世代と同じようにケミカルシューズ工場やゴム製品製造業で働くケースが多い。大学に行けるのは二〇人に一人くらいだという。大きな可能性をもっているのに、その可能性がまだまだ発揮できていない、発揮できない環境を日本社会が作っている、ガさんはそう痛感する。それでも全国からの相談に対応して感じるのは、神戸はまだよい方かもしれないということだ。

相談の内容も、ガさんがこうした活動をはじめた九六～九七年前後の一〇年前と比較すると大きく変化している。一〇年前は、入居拒否、賃金未払い、解雇されたベトナム人に対する賃金からの不当な保険料の徴収、仮設住宅の隣人とのトラブルなどの問題についての交渉や相談が多かった。それがいまでは、入居拒否問題も続いているとはいえ、クレジットカードが取得できないケースや住宅ローンの返済問題そして子どもの教育問題など日本のシステムが分らずに起きてしまう、つまりは定住生活が長く続くからこそ起きる問題に広がっている。また日本人の家庭でもみられるドメスティックバイオレンスなどの相談もある。さらに、二〇〇八年の金融危機がはじまってから、賃金の未払いや賃下げさらに解雇や雇い止めといった問題も増えている。ガさんの感触では、いま三〇～四〇％のベトナム人が生活保護を受けているのではないかという。こうした中で、神戸在住の約二〇〇世帯のベトナム人家族や他の都市からの相談を含めて一日四〇件前後の多様な相談に対応する日もあるという。

ガさんの活動をこれまで支えてきた一つの体験がある。一九九八年一〇月、アメリカで一〇日間、アメリカのベトナム人の自立支援団体（ＶＩＶＯやＩＲＣＣ）、ベトナム人の高齢者のための支援組織（ＶＡＣ）、インドシナ系住民のための低家賃住宅提供団体などの活動を見学したことだ。これが、これまで活動を続けていく上で大きな励みになったとガさんは感じている。アメリカらしい支援のあり方やベトナム式のサポートなど多様な支援のあり方や自立のための活動を実際に見て「日本に住んでいるベトナム人はなにもサービスを受けていない。うらやましい。いつになったらこういうことができるようになるだろう」と思ったという。日本でも、少しでもベトナム人が住みやすい社会に、アメリカで感じたその思いで活動を続けてきたのである。

四　多文化「共生」とは

多文化主義の後に

冒頭で述べたように、グローバル化が急速に進む現代社会において、これまで「一民族＝一言語＝一国家」という強靭な自己理解の上に構築された近代国家と国民（的）アイデンティティが移民による民族的・文化的多様性の増大によって自明のものとは言えない状況が成立している。そのなかで、異なるバックグラウンドを持つ人々の共生や多文化間の対話を促進するような動向も存在するとはいえ、さまざまな対立や差別そして管理強化の動向も依然として強まっている。このような問題の解決に向けて私たちはどのような理念と具体的な解決策を見出していけるのだろうか。

一九六〇年代に「同化政策」や「統合政策」を公的に退けて、多文化主義の政策を採用し、自ら文化的多様性の尊重が国家のアイデンティティであることを宣言してきたのはオーストラリアである。ところが、ハワードが政権を獲得した二〇〇六年以降、オーストラリアは多文化主義の政策を転換させる。「多様性を称賛することはわれわれを一つに結び付ける共通の価値ではなくなった」、それに代わって「オーストラリア人であることがなにかをより理解すること、われわれが共有すべき価値にもっと光を当てること」が重要であるとされたのである。「多文化主義」から「統合」への政策転換である。このことは、たんにオーストラリアだけの問題ではなく、程度の差こそあれ「多文化主義」を進めてきた欧米各国の共通した動向とみることもできる。さらに研究者の間でも「多文化主義」に関して、それがマイノリティ文化であれメインストリートの文化であれ、それを不変のものとみなす本質主義的な理解に立つものであること、したがって従来のこうした「本質主義的な多文化主義」が多様な文化の相互の理解と対話の可能性を閉ざしてしまいかねないことなど様々な問題の指摘がなされ、「多文化主義」の終焉すら語られる状況がある。

ところで、オーストラリアの研究者イエン・アンは、オーストラリアをめぐる上記の政策転換を、従来の民族差別主義者が主張してきた「統合」への単純な回帰として理解すべきではなく、二一世紀に登場した「新たな統合」にかんする言説を安易に放逐すべきではないと指摘する。彼女によれば、「統合」と「多文化主義」を、正反対の、対立する二項として理解することは現在生じている事態をより的確に理解することにはつながらない。「複数の単一文化主義」とたびたび同一視されてきた「多文化主義」の問題点を克服するためにも、異なる複数の文化が交錯し、文化が相互に変容する相互作用＝インターアクションの契機として「統合」を位置づける必要があるのではないか、というのである。彼女はこの自らの立場を「コスモポリタン・マルチカルチャリズム」と呼ぶ。(5)

こうした多文化主義や、それが実際に実行されてきた後の問題にかかわる論議を前にすると、日本における状況の深刻さを考えずにはいられない。在日韓国・朝鮮人に対する制度的・文化的差別を放置し、八〇年代から急増した外国人労働者や定住外国人が直面したさまざまな問題に対する有効な対応もなんら取らずにきたからである。政府が重い腰を上げようやく「多文化共生」を掲げたのが二〇〇五年のことである。したがって、その時期から政府のスローガンとして使われ始めた「共生」なる言葉に違和感を覚えた人も多いはずだ。

しかし、そうした政府の対応や「共生」といった用語の行政的な使用とは別に、文化的に異なるバックグラウンドをもつ人々がその違いを認めながら、差別なく共に生きていく社会を創るという「共生」の課題を避けることはできない。多文化主義の隘路に陥るのでもなく、偏狭な「同化」や「統合」に行き着くのでもない、あらたな道をどう創り出していくのか。(6)これまで見てきた神戸の定住外国人そして日本人が共同するメディア実践のプロジェクトはその点で多くの示唆を与えてくれるのではないだろうか。

コミュニティをつくるメディア

「FMわぃわぃ」のメディア実践の重要性をあらためて二つの側面から捉え返すことができると思う。

そのひとつは、すでに示唆したように、自分の周りに、自分のすぐ傍に、異なる文化をバックに育ち生きてきた、そして日本で定住してこれからも生きようと決意した人々がいることを、このラジオからの声がマジョリティである日本人に確実に届けているという事実である。繰り返すことになるが、韓国・朝鮮語やベトナム語、タイ語で話される内容と言語をほとんどのリスナーはたぶん理解できない。また真剣に耳をそばだてて聞いている、というわけでもないだろう。しかし、それでも、ラジオから届く声は、一つの国家にはひとつの言語しかない、あるいは一つの言語しかいらない、という幻想にしがみ付いてきた日本社会とメディア空間の画一性から私たちを解き放つだろう。
ここで想い起こされるのは、ハンナ・アーレントの次のような言葉である。

「私的」という語が、「奪われている」というそのもともとの意味において重要になるのは、何よりもまず、真に人間的な生を生きる上で本質的な事柄が奪われていることを意味する。つまり、他者によって見られ、聞かれるという経験……から生まれるリアリティを奪われていることを意味する。私的な生から奪われているのは、他者の存在である。他者の視点からすれば、私的な生を生きる人は現われず、それゆえに存在しないかのようである。(アーレント 1958=1995, 87-88)

「他者によって見られ、聞かれるという経験……から生まれるリアリティを奪われている」という文章でアーレントが思い描いているのは、齋藤純一が述べるように、戦前に「場所なき者たち」とよばれた人びと、たとえば「ユダヤ人」という集合的表象の暴力によって強制収容所に送られた人びとである。しかし、「場所なき者たち」は、過去のものとなったわけではない。他者として認知されることもなく、「あたかも存在しないかのように」生きることを余儀なくされた人びとは現在においても夥しい。障害者、同性愛者、アイヌ、被差別部落出身者……。

そして、日本社会で暮らしながら、ガさんやロクサナさんが語ってくれたように、隣人同士の交流もなく「他者によって見られ、聞かれるという経験」を奪われた、日本という異郷で暮らす外国人も思い起こすべきだろう。

大震災を経験するまでの長い期間、「あたかも存在しないかのように」生きることを余儀なくされた人びとの声を届け、「私が他者に対して現われ他者が私に対して現われる空間」をつくりだす文化の装置として「ＦＭわぃわぃ」がある。

それとともに重要な第二の点は、この小さなコミュニティＦＭ局が単なる放送局であるに留まらずに、地域社会の多文化コミュニティ構築のための結節点としての機能をはたしているということだ。それは、外国人と日本人の境界を乗り越えたコミュニティの構成と多文化メディアが交錯する挑戦的なフィールドを「ＦＭわぃわぃ」が開拓しつつあるということを意味している。「ＦＭわぃわぃ」は単なるエスニック・メディアではないし、「多言語主義」メディアでもない。一つ一つの言語を尊重しながらも、それぞれの言語に橋をかけながら、そこに「対話」が成立するメディア＝触媒、そしてリアルな日常生活の場面に多文化コミュニティを構築しているメディア＝触媒なのである。「ＦＭわぃわぃ」が切り開く未来、そこに日本のメディアの可能性の一端が内包されているのではないだろうか。

注

（1）本章の論述は、二〇〇九年三月五日〜六日（村上桂太郎氏、山本幸男氏）、四月一一日〜一二日（大城ロクサナ氏、金千秋氏）、五月二九日〜三〇日（大城ロクサナ氏、金宣吉氏）、七月二五日〜二六日（吉富志津代氏、ハ・ティ・タン・ガ氏）、一〇月二一日（日比野純一氏）に行ったインタビューに基づく。長時間にわたるインタビューに協力いただいた皆さんに感謝申し上げたい。

（2）神戸市（二〇〇九）『平成二十年度版　第八十五回神戸市統計書』を参照。

（3）実際には、「FMわぃわぃ」「多言語センターFACIL」「ワールドキッズコミュニティ」「AMARC日本協議会」から成る「多文化Pro3（プロキューブ）」は、「リーフグリーン」「NGOベトナム in KOBE」「アジア女性自立プロジェクト」「ひょうごんテック」といった団体と一緒になって、「特定非営利活動法人　たかとりコミュニティセンター」を構成している。幾つものグループや団体がネットワークを構成して活動しているのである。

（4）この情報誌を見ると、日本とペルーの格安航空券を扱う旅行代理店、法律問題に関して相談に応じるとする東京・大阪・神戸の弁護士事務所の広告が目立っている。ここからも、定住にかかわる問題の数の多さが窺われる。

（5）このアンの主張は、二〇〇九年五月に早稲田大学メディア・シティズンシップ研究所主催で開催された国際シンポジウムにおける発言（Ang, 2009）にもとづく。

（6）この点については、原知章（原 2010）論文で言及されているが、二〇〇五年以降の政府の対応は、二〇〇七年に施行された改正雇用対策法や改正出入国管理・難民認定法など、外国人の管理と統制の強化の方向を強めていることに注意を喚起しておきたい。

参照引用文献一覧

●プロローグ

Clough, Patricia Ticineto and Halley, Jean eds.（2007）*The Affective Turn: Theorizing the Soial*, Duke University Press.

Gregg, Melissa and Seigworth, Gregory J. eds.（2010）*The Affect Theory Reader*, Duke University.

Krause, Sharon R.（2008）*Civil Passions:Moral Sentiment and Democratic Deliberation*, Princeton University Press.

Massumi, Brian（2002）*Parables for the Virtual: Movement, Affect, Sensation*, Duke University Press.

伊藤守（2007）「運動、情動、身体――メディア研究の方法論的転換に向けた一試論」『テレビジョン解体　新記号論叢書［セミオトポス４］』日本記号学会編、慶應義塾大学出版会

●第１章「情報と情動」

Deleuze, Gilles & Guattari（1980）*Mille Plateaux : Capitalisme et schizophrénie*, Les Editions de Minuit.（=1994　宇野邦一、小沢秋広、田中敏彦、豊崎光一、宮林寛、守中高明訳『千のプラトー：資本主義と分裂症』河出書房新社）

Deleuze, Gilles（1968）*Différence et Répétition*, Presses Universitaires de France.（=1992　財津理訳『差異と反復』河出書房新社）

Deleuze, Gilles & Guattari（1972）*L'ANTI-ŒDIPE : Capitalisme et schizophrénie*, Les Editions de Minuit.（=2006　宇野邦一訳『アンチ・オイディプス：資本主義と分裂症』河出書房新社、河出文庫）
Deleuze, Gilles（1988）*Le Pli : Leibniz et le baroque*, Les Editions de Minuit.（=1998　宇野邦一訳『襞：ライプニッツとバロック』河出書房新社）
Lacan, Jacques（1966）*ECRITS*, Editions du Seuil.（=1972　宮本忠雄・竹内迪也・高橋徹・佐々木孝次訳『エクリI』弘文堂）
Leibniz, G.W.（1714）'Principes de la Philosophie ou Monadologie' in Principes de la nature et la grace fondesen raison / *Principes de la Philosophie ou Monadologie*, PUF 1954.（=1989　西谷裕作訳「モナドロジー：哲学の原理」『ライプニッツ著作集9』工作舎）
Le Bon, Gustave（1895）*Psychologie des foules*.（=1993　櫻井成夫訳『群集心理』講談社学術文庫）
Maturana, Humberto & Varela, Francisco（1983）*EL ARBOLDEL CONOCIMIENTO*.（=1987　管啓次郎訳『知恵の樹』朝日出版社［=1997　『知恵の樹』ちくま学芸文庫所収］）
Maturana, Humberto & Varela, Francisco（1980）*Autopoiesis and Cognition: The Realization of the Living*, D.Reidel Publishing Company.（=1991　『オートポイエーシス：生命システムとは何か』国文社）
Tarde, Jean-Gabriel（1898）*Les Lois Sociales: Esquisse d'une Sociolagie*, Félix Alcan.（=2008　村澤真保呂、信友建志訳「社会法則」『社会法則／モナド論と社会学』河出書房新社）
Tarde, Jean-Gabriel（1895）Monadologie et Sociologie in *Essais et mélanges Sociologiques*, Lyon-Paris, Storck et Masson.（=2008　「モナド論と社会学」『社会法則／モナド論と社会学』河出書房新社）
Tarde, Jean-Gabriel（1890）*Les Lois de l'imitation : étude sociologique*.（=2007　村澤真保呂、池田祥英訳『模倣の法則』河出書房新社）
Tarde, Jean-Gabriel（1901）*L'Opinion et la Foule*.（=1964　稲葉三千男訳『世論と群集』未来社）

伊藤守（2012）「タルドのコミュニケーション論再考」『コミュニケーション理論の再構築』正村俊之編　勁草書房
伊藤守（2002）「情報」『岩波小辞典　社会学』所収
河本英夫（1995）『オートポイエーシス：第三世代システム』青土社
坂部恵（1997）『ヨーロッパ精神史入門：カロリング・ルネサンスの残光』岩波書店
田中一（1997）「情報と情報過程の層序」『社会情報学研究』No.1　創刊号
田中一（2006）「情報の複文定義」『社会情報学研究』Vol.11, No.2
西垣通（2004）『基礎情報学　生命から社会へ』ＮＴＴ出版
正村俊之（2000）『情報空間論』勁草書房
山内志朗（2012）「情報、身体、情念」『コミュニケーション理論の再構築』正村俊之編　勁草書房
吉田民人（1967=1990）「情報科学の構想」『自己組織性の情報科学』新曜社
吉田民人（1974=1990）「社会科学における情報論的視座」『情報と自己組織性の理論』東京大学出版会

●第二章「タルドのコミュニケーション論再考」

Deleuze, Gilles & Guattari（1980）*Mille Plateaux : Capitalisme et schizophrénie*, Les Editions de Minuit.（=1994　宇野邦一、小沢秋広、田中敏彦、豊崎光一、宮林寛、守中高明訳『千のプラトー：資本主義と分裂症』河出書房新社）
Deleuze, Gilles（1968）*Différence et Répétition*, Presses Universitaires de France.（=1992　財津理訳『差異と反復』河出書房新社）

Deleuze, Gilles & Guattari（1972）*L'ANTI-CEDIPE : Capitalisme et schizophrénie*, Les Editions de Minuit.（=2006　宇野邦一訳『アンチ・オイディプス：資本主義と分裂症』河出書房新社、河出文庫）
Deleuze, Gilles（1988）*Le Pli : Leibniz et le baroque*, Les Editions de Minuit.（=1998　宇野邦一訳『襞：ライプニッツとバロック』河出書房新社）
Hardt, Michael & Negri, Antonio（2004）*Multitude: War and Democracy in the Age of Empire*, Penguin Press.（=2005　幾島幸子訳、水嶋一憲、市田良彦監修『マルチチュード：〈帝国〉時代の戦争と民主主義』（上・下）ＮＨＫブックス）
Hardt, Michael & Negri, Antonio（2009）*Commonwealth*.（2012　幾島幸子・古賀祥子訳、水嶋一憲監訳『コモンウエルス：〈帝国〉を超える革命論』（上・下）ＮＨＫブックス）
Lefebvre, Georges（1934）*Foules Révolutionnaires*.（=2007　二宮宏之訳『革命的群衆』岩波文庫）
Leibniz, G.W.（1714）'Principes de la Philosophie ou Monadologie'in Principes de la nature et la grace fondesen raison / *Principes de la Philosophie ou Monadologie*, PUF 1954.（=1989　西谷裕作訳「モナドロジー：哲学の原理」『ライプニッツ著作集９』工作舎）
Le Bon, Gustave（1895）*Psychologie des foules*.（=1993　櫻井成夫訳『群集心理』講談社学術文庫）
Tarde, Jean-Gabriel（1898）*Les Lois Sociales: Esquisse d'une Sociolagie*, Félix Alcan.（=2008　村澤真保呂、信友建志訳「社会法則」『社会法則／モナド論と社会学』河出書房新社）
Tarde, Jean-Gabriel（1895）Monadologie et Sociologie in *Essais et Mélanges Sociologiques*, Lyon-Paris, Storck et Masson.（=2008　「モナド論と社会学」『社会法則／モナド論と社会学』河出書房新社）
Tarde, Jean-Gabriel（1890）*Les Lois de l'imitation : étude sociologique*.（=2007　村澤真保呂、池田祥英訳『模倣の法則』河出書房新社）
Tarde, Jean-Gabriel（1901）*L'Opinion et la Foule*.（=1964　稲葉三千男訳『世論と群集』未来社）

山内志朗（2002）『ライプニッツ：なぜ私は世界にひとりしかいないのか』ＮＨＫ出版

●第三章「メディアと身体の関係と情動の政治学」

Bergson, Henri（1896）*Matière et Mémoire*, Presses Universitaires de France.（=1999　田島節夫訳『物質と記憶』白水社）

Deleuze, Gilles（1981）*Spinoza : Philosophie pratique*, Minuit.（=1994　鈴木雅大訳『スピノザ：実践の哲学』平凡社）

James, William（1884）What is an emotion ?, in *Mind 9*（=1956　今田恵訳「情緒とはなにか」『世界大思想全集　ウィリアム・ジェームズの心理思想と哲学』河出書房）

Leibniz, Gottfried Wilhelm（1714）*Principes de la philosophie ou Monadologie.*（=1990　西谷裕作訳「モナドロジー：存在の原理」『ライプニッツ著作集　後期哲学』工作社）

Massumi, Brian（2002）*Parables for the Virtual : Movement, Affection and Sensation*, Duke University Press.

Massumi, Brian（2005）"Fear: The Spectrum Said," in *East Asia Cultures Critique*, Vol.13, no.1.

Merleau-Ponty, Maurice（1945）*Phénoménologie de la Perception*, Gallimard.（=1976　竹内芳郎・小木貞孝訳『知覚の現象学』みすず書房）

●第四章「メディア相互の共振と社会の集合的沸騰」

Deleuze, Gilles（1990）*Pourparlers*, Minuit.（=1992　宮林寛訳『記号と事件：1972-1990年の対話』河出書房新社）
Durkheim, Emile（1893）*De la division du travail social*, 7 ed., PUF.（=1971　田原音和訳『社会分業論』青木書店）
Durkheim, Emile（1912）*Les Formes élémentaires de la vie relogieuse*, 4 ed., PUF. 1960.（=1975　古野清人訳『宗教生活の原初形態』（上・下）岩波書店）
Tarde, Jean. Gabiel（1890）*Les lios de l'imitation: étude sociologique*, Alcan.（=2007　池田祥英・村澤真保呂訳『模倣の法則』河出書房新社）
正村俊之（2001）『コミュニケーション・メディア：分離と結合の力学』世界思想社
宮島喬（1979）「フランス社会学派と集合意識論：歴史における「心性」の問題にふれて」『思想』No.663.
大野道邦（2001）「集合意識・集合表象・集合的沸騰」『奈良女子大学文学部年報』No.45.

●第五章「グローバル化とメディア空間の再編制」

Artz, Lee and Kamalipour, Yahya R., eds.（2003）*The Globalization of Coporate Media Hegemony*, New York: State University of New York Press.
Anderson, Benedict（1983）*Imagined Communities: reflections of the origin and spread of nationalism*, London: Verso.（=1987　白石隆・白石さや訳『想像の共同体：ナショナリズムの起源と流行』リブロポート）
Appadurai, Arjun（1996）*Modernity at Large: cultural dimensions of globalization*, Minnesota: The Univer-

sity of Minnesota.（=2004　門田健一訳『さまよえる近代：グローバル化の文化研究』平凡社）

Appadurai, Arjun（2003）“Grassroots Globalization and the Research Imagination”, Arjun Appadurai ed., *Globalization*, Duke University Press.

Appadurai, Arjun（2006）*Fear of Small Numbers: an essay on the geography of anger*, Duke University Press.

Blumler, Jay, G., and Gurevitch, Michael（1996）“Media Change and Social Change: linkages and junctures”, James Curran and Michael Gurevitch, eds., *Mass Media and Society*, Arnold.

Boczkowski, Pablo, J.（2005）*Digitizing the News*, Cambridge: The MIT Press.

Boyd-Barrett, Oliver, and Rantanen, Terhi（1998）*The Globalization of News*, Sage.

Boyd-Barrett, Oliver, and Rantanen, Terhi（2004）“News Agencies as News Sources: a re-evaluation”, Paterson, Chris, and Sreberny, Annabelle, eds., *A International News in the Twenty-First Century*, John Libbery Publishing.

Brubaker, Rogers（1996）*Nationalism Reframed: nationhood and the national question in the New Europe*, Cambridge University Press.

Calhoun, C.（1998）“Community without Propinquity Revisited: Communication Technology and the Transformation of the Urban Public Sphere”, *Sociological Inquiry*, 68(3).

Castells, Manuel（2001）*The Internet Galaxy: reflections on the internet*, *Business and Society*, Oxford University Press.

Cottle, Simon, ed.（2003）*Media Organization and Production*, Sage

Cottle, Simon（2003）*News, Public Relations and Power*, Sage.

Croteau, David, and Hoynes, William（1997）*Media/Society: industries, images and audiences*, Pine Forge Press.

Delanty, Gerard（2003）*Community*, Routledge.（=2006　山之内靖・伊藤茂訳『コミュニティ：グローバル化と社会理論の変容』ＮＴＴ出版）
Georgiou, Myria（2005）“Mapping Diasporic Media Cultures: a Trananational cultural approach to exclusion”, Silverstone, Roger, ed., 2005, *Media, Technology and Everyday Life in Europe: from information to communication*, Ashgate.
Hage, Ghassan（1998）*Fantasies of White Supremacy in a Multicultural Society*, Sydney: Pluto Press.（=2003　保苅実・塩原良和訳『ホワイト・ネーション：ネオ・ナショナリズム批判』平凡社）
Hall, Stuart（1986）“Popular Culture and the State” , Tony Bennett, Colin Mercer and Janet Woollacott, eds. *Popular Culture and Social Relations*, Open University Press.
Hall, Stuart（1991）“The Local and the Global: globalization and Ethnicity”, King, Anthony D., ed., *Culture, Globalization and the World –System*, Hampshire and London: Macmillan.（=1999　山中弘・安藤充・保呂篤彦訳『文化とグローバル化』玉川大学出版部）
Kellner, Douglas（2005）*Media Spectacle and Crisis of Democracy: terrorism war & election battles*, Paradigm Publishers.
キム・ヒョンミ（2004）「韓国における日本大衆文化の受容と『ファン』の形成」毛利嘉孝編『日式韓流』せりか書房
Louw, Eric（2001）*The Media and Cultural Production*, Sage.
Louw, Eric（2005）*The Media and Political Process*, Sage.
Lull, James（1995）*Media, Communication, Culture: a global approach*, Polity Press.
Massey, Doreen（1993）“Power-Geometry and a Progressive sense of Place”, Curtis, Barry, Bird, Jhon, Putnam, Tim, and Robertson, George, eds., *Mapping the Futures: local cultures, global change*, Routledge.

（=2002　加藤政洋訳「権力の幾何学と進歩的な場所感覚」『思想』No.933.）
Massey, Doreen（2005）*For Space*, Sage.
Mohammadi, Ali, ed.,（1997）*International Communication and Globalization*, Sage.
Morley, David and Robins, Kevin（1995）*Spaces of Identity: global media, electronic landscapes and cultural boundaries*, Routledge.
Morley, David（1992）*Television, Audience and Cultural Studies*, Routledge.
Morley, David（2000）*Home Territories: media, mobility and identity*, Routledge.
Said, Edward, W.（1993）*Culture and Imperialism*, Alfred A. Knopf.（=2001　大橋洋一訳『文化と帝国主義』みすず書房）
Schiller, Herbert I.（1969）*Mass Communication and American Empire*, West View Press.
Schiller, Herbert I.（1973）*The Mind Managers*, Beacon Press.
Schiller, Herbert I.（1989）*Culture Inc: the corporate takeover of public expression*, Oxford University Press.
Silverstone, Roger（1994）*Television and everyday Life*, Routledge.
Silverstone, Roger, ed.（2005）*Media, Technology and Everyday Life in Europe: from information to communication*, Ashgate.
Sreberny, Annabelle and Paterson, Chris（2005）"Shouting from the Rooftops: reflection on international news in the 21 century", Sreberny, Annabelle and Paterson, Chris, eds., *A International News in the Twenty-First Century*, John Libbery Publishing.
Thompson, John, B.（1995）*The Media and Modernity: a social theory of the media*, Polity Press.
Tomlinson, John（1999）*Globalization and Culture*, Cambridge: Polity Press.（=2000　片岡信訳『グローバリゼーション：文化帝国主義を超えて』青土社）

Urry, John（1995）*Consuming Places*, London: Routledge.（=2003　吉原直樹・大澤善信訳『場所を消費する』法政大学出版局）

Urry, John（2003）*Global Complexity*, Cambridge: Polity Press.

伊藤守（2004）「『日本偶像劇』と錯綜するアイデンティティ：台湾における日本製テレビドラマの消費」岩渕功一編『越える文化、交錯する境界』山川出版社

伊藤守（2005）『記憶・暴力・システム』法政大学出版局

伊藤守（2006）『テレビニュースの社会学：マルチモダリティ分析の実践』世界思想社

岩渕功一（2001）『トランスナショナル・ジャパン』岩波書店

岩渕功一（2004）「スペクタクル化される『ナショナル』の饗宴：メディアにおける『普通の外国人』の商品化」テッサ・モーリス＝スズキ・吉見俊哉編『グローバリゼーションの文化商品』平凡社

小川明子（2006）「デジタル・ストーリーテリングの可能性：BBC/Capture Walesを例に」『社会情報学研究』Vol.10, No.2. 日本社会情報学会

西原和久（2006）「グローバル化時代の社会学理論とアジア：理論と実践への問いから」『コロキウム：現代社会学理論・新地平』創刊号　東京社会学インスティチュート

花田達朗（1999）『メディアと公共圏のポリティクス』東京大学出版会

毛利嘉孝編（2004）『日式韓流：「冬のソナタ」と日韓大衆文化の現在』せりか書房

●第六章「移民・移動と公共空間のデザイン」

Ang, Ien（2009）*Toward a Cosmopolitan Multiculturalism*（二〇〇九年五月に早稲田大学メディア・シティ

ズンシップ研究所主催で開催された国際シンポジウムにおける基調報告のペーパー）
Cunningkam, Stuart & Sinclair, John（2001）*Floating Lives: the media and asian diasporas*, Rowman&Littlefield.
Bailey, Olga, Georgiou, Myria and Harindranath, Ramaswami(ed.)（2007）*Transnational Lives and the Media*, Palgrave Macmillan.
Karim, karim H (ed.)（2003）*The Media of Diaspora*, Routledge.
Hannah, Arendt（1958）*The Human Condition*, University of Chicago Press.（=1994　志水速雄訳『人間の条件』ちくま学芸文庫）
Silverstone, Roger（2005）*Media, Technology and Everyday Life in Europe*, Aahgate.
神戸定住外国人支援センター（ＫＦＣ）編（2007）『10周年記念誌　かぜ』
『ヒューライツ大阪』（2003）7月
神戸市（2009）『平成二十年度版　第八十五回神戸市統計書』
伊藤守（2006）「グローバル化とメディア空間の再編制：メディア文化のトランスナショナルな移動と消費の諸問題」『社会学評論』57(4)
梶田孝道・丹野清人・樋口直人（2005）『顔の見えない定住化：日系ブラジル人と国家・市場・ネットワーク』名古屋大学出版会
齋藤純一（2000）『公共性』岩波書店
庄司博史（2009）「ことばに仕事を与える：多言語センターＦＡＣＩＬ」『月刊みんぱく』２００９年４月号
原知章（2010）「『多文化共生』の議論で、『文化』をどう語るのか?」『多文化社会の〈文化〉を問う』岩渕功一編、青弓社
吉富志津代（2008）『多文化共生社会と外国人コミュニティの力』現代人文社

あとがき

本書に収録した各論考の初出は以下の通りである。

プロローグ　書き下ろし
第一章「情報概念について――主知主義的フレームから解き放つために」『社会情報学』第1巻1号、社会情報学会、二〇一二年
第二章「タルドのコミュニケーション論再考――コンピュータと接続したモナドの時代に」正村俊之編『コミュニケーション論の再構築』勁草書房、二〇一二年
第三章「メディアと身体の共振関係と情動の政治学」『現代思想』三五巻一四号、二〇〇七年
第四章「メディア相互の共振と社会の集合的沸騰」『現代思想』三六巻一号、二〇〇八年
第五章「グローバル化とメディア空間の再編制――メディア文化のトランスナショナルな移動とメディア公共圏」『社会学評論』vol.57 no.4、二〇〇七年
第六章「移民・移動と公共空間のデザイン」岩渕功一編『多文化社会の〈文化〉を問う』青

弓社、二〇一〇年

この初出からも分かるように、それぞれの論考は、商業誌や学会誌や単行本など、異なる媒体で、異なる読者を想定して書かれており、文体や論の展開の仕方も異なっている。とはいえ、二〇〇七年から二〇一〇年の間に集中して執筆したこれらの文章は、「プロローグ」で述べたように、あたらしいメディア環境が造形されるなかで、メディアと身体、身体と政治という三つの項の布置関係を再考し、その関係性から浮上する「情動」と「運動」の問題系を主題化するという一貫した問題関心のもとに書かれている。明確な結論や実証的知見が引き出されているわけではない。しかし、これまでとは異なる問いを出すこと、そのことで研究のフィールドを拡大し、深化させることが目的だった。その試みが読者に少しでも刺激を与えることができたならば、筆者にとって望外の喜びである。

特別在外研究で二〇〇五年四月から翌年の三月までの一年間ロンドンのLSE（London School of Economics and Political Science）で過ごした経験が、こうした主題を論じる直接のきっかけとなった。イギリスのメディア研究、カルチュラル・スタディーズ、批判的ディスコース分析やマルチモダリティ分析の動向を知ることが在外研究の主な目的であったが、それとともに既存のメディア環境が大きく変容するなかで、既存のメディアとネットの関係やオーディエンスの変化を分析するために必要な方法論的枠組みをじっくり考えられれば、との思いもあった。

そんな漠然とした私の問題関心にダイレクトに応えてくれたのがB・マッスミの仕事であった。たぶん、二〇〇五年六月であったと記憶しているが、大山真司氏（現在 Birbeck, University of London）の誘いを受けて、ロンドン大学のゴールドスミス・カレッジで開催された国際シンポジウムに出かけ、そこでマッスミと出会ったことが、その後の私の研究に大きな意味をもつこととなった。ドゥルーズの著作の翻訳などを通じて英語圏におけるドゥルーズの紹介者として知られ、また文化と政治、身体と文化にかかわる問題をきわめて抽象度の高い概念を駆使しながら議論する彼の思考を知ることなしに、本書の論考を書き進めることはできなかった。学部時代に読んだタルドの『世論と群衆』を再読し、ライプニッツの「モナド論」を精読したのは、彼の著作の影響によるものだ。マッスミに感謝したいし、彼に引き合わせてくれた大山氏には心からお礼を申し上げねばならない。また、帰国後、難解なマッスミの *Parables for the Virtual* (Duke University Press) を一緒に講読してくれた早稲田大学大学院文学研究科の院生と教育学研究科伊藤ゼミの院生にも感謝したい。

また一つ付言しておけば、三章の論文発表後、何人かの方々に引用・言及していただいたが、論述の内容はもちろんマッスミの著述と同一であるわけではなく、彼はメルロ゠ポンティに言及してはいないし、「政治家」とアスリートを接合させているわけでもない。私の論述は、マッスミの「誤読」あるいは勝手な想像力の産物にすぎないのかもしれない。

本書の五章と六章も在外研究の成果といってよい。ＬＳＥに滞在できたのはロジャー・シルバーストーンの好意によるものだった。ヨーロッパにおけるメディアのグローバル化の進展とそれに対応した研究視座の革新は五章で論じた通りであるが、シルバーストーンはグローバリゼーションの問題をあくまでオーディエンスあるいはデジタルメディアを活用する人々の日常性や日常生活に即しながら考えることを一貫して主張していた。ヨーロッパの様々な地域で暮らす人たちが、衛星放送やインターネットやケーブルテレビなど様々なメディアにアクセスしながら、いかにそれぞれの「メディア・ランドスケープ」を構造化させているのかを明らかにするという課題である。メディアとオーディエンスの関係を単なるテクスト解釈の問題として把握するのではなく、テレビがセットされた「家庭」や「郊外」といった空間とのかかわりから捉えるシルバーストーンの視点がここでも生かされていたと言うべきだろう。EUのメディア政策とのかかわりで言えば、その政策的な意味合いと実際に政策的に造形されるメディア環境を視野に入れながらも、それだけで個々のメディア・コミュニケーションが形づくられるわけではなく、あたらしいテクノロジーを使いこなす先に見えてくる集合的な主体のコミュニケーション行為の特徴を解明することが必要である、というのがシルバーストーンの視点であった。メディアのグローバル化の現実的な意味はその地平で測定されねばならない。学科長を務めていた彼のこうした研究関心に基づいて、LSEのコミュニケーション学科ではイギリスやドイツなどヨーロッパの各地域に国境を越えて来た移民や外国籍定住者のメディア実践が研究の重要な課題として焦点化され、複数のデータベースが構築されていた。本文で引用・言及し

的なデータに基づいている。

たジョージロー（M. Georgiou）の論考や「ディアスポラ公共圏」に関する議論もそうした具体的なデータに基づいている。

グローバル化に関する私自身の関心や視点も、このようなシルバーストーンの視座から強い影響を受けている。六章で論じた神戸の「FMわぃわぃ」のメディア実践に関するリサーチ・ペーパーは、シルバーストーンの狙いを日本の文脈で検証するという作業の一つの成果である。五章と六章もまたLSEにおける在外研究の成果の一つと述べたのは、以上のような経緯からである。

本書は、二〇一〇年ごろにはほぼすべての原稿が揃い出版できる見通しにあったが、私の個人的な事情や出版事情が重なり、この時期の出版となった。長年にわたり研究を温かく見守っていただいているせりか書房の船橋純一郎氏には心からお詫びしなければならないとともに、出版事情が厳しい中で本書の刊行まで導いていただいたことに対して船橋氏と共に武秀樹氏にも心から感謝申し上げたい。

またこの間、研究会に誘っていただき、有意義な議論の場を提供してくれた岩渕功一さん、毛利嘉孝さん、田仲康博さん、そして正村俊之さんには特にお礼を申し上げたい。

収録した文章の多くは山形と東京の往復の新幹線の中で書かれたものである。もう往復する必要もなくなったが、振り返ってみれば二〇〇六年三月に「また会おう」と彼の研究室で別れたシルバーストーンもその数カ月後に他界したのだった。あれからもうすでに七年が経過したことになる。随分時間が流れたが、あらためてお世話になったすべての方々にお礼を申し上げます。

二〇一三年一月七日

著者

索　引

か行

た行

な行

は行

ま行

や行

ら行

わ行

著者紹介

伊藤　守（いとう　まもる）

1954年生まれ。新潟大学教授を経て2000年より早稲田大学教育・総合科学学術院教授。専門は、社会学、メディア・文化研究。
著書に、『記憶・暴力・システム』（法政大学出版局）、『ドキュメント　テレビは原発事故をどう伝えたのか』（平凡社新書）、編著に『テレビニュースの社会学』（世界思想社）、『メディア文化の権力作用』（せりか書房）、共著に『デモクラシーリフレクション～巻町住民投票の社会学』（リベルタ出版）等。

情動の権力――メディアと共振する身体

2013年5月20日　第1刷発行

著　者　伊藤　守
発行者　船橋純一郎
発行所　株式会社 せりか書房
〒101-0064　東京都千代田区猿楽町1-3-11 大津ビル1F
電話 03-3291-4676　振替 00150-6-143601　http://www.serica.co.jp
印　刷　信毎書籍印刷株式会社
装　幀　工藤強勝

ISBN 978-4-7967-0323-9